Greff

Telefonverkauf mit noch mehr Power

Günter Greff

TELEFONVERKAUF MIT NOCH MEHR POWER

Kunden gewinnen, betreuen und halten

GABLER

Die Deutsche Bibliothek – CIP-Einheitsaufnahme

Greff, Günter:
Telefonverkauf mit noch mehr Power : Kunden gewinnen, betreuen und halten / Günter Greff. – 2. Aufl. – Wiesbaden : Gabler 1996
1. Aufl. u. d. T.: Greff Günter: Telefonverkauf mit Power
ISBN 3-409-29683-2

1. Auflage 1993 – Titel: Telefonverkauf mit Power
2. Auflage 1996
Nachdruck 1997
Nachdruck 1998

Lektorat: Manuela Eckstein

Der Gabler Verlag ist ein Unternehmen der Bertelsmann Fachinformation.

http://www.gabler-online.de

Umschlaggestaltung: Schrimpf und Partner, Wiesbaden
Satz: FROMM MediaDesign GmbH, Selters/Ts.
Druck und Bindung: Wilhelm & Adam, Heusenstamm
Printed in Germany

ISBN 3-409-29683-2

Inhalt

Zum Buch

Wenn Sie heute zu Ihrem Telefonhörer greifen, dann sind Sie Mitspieler in einem weltumspannenden Spiel, dem Telefonspiel. Man schätzt, daß etwa 800 Millionen Telefonapparate zu einem einzigartigen erdumspannenden Kommunikationsnetz miteinander verbunden sind, zu der größten Maschine der Welt. Davon klingeln über 40 Millionen in Deutschland. Dies bedeutet, daß viele Haushalte heute bereits über einen zweiten oder gar dritten Anschluß verfügen. Während alle anderen Kommunikationswege, wie das Schienennetz, die Straße und der Flugverkehr, nur in ihrem spezifischen Element funktionieren (wenn Sie in Europa mit der Eisenbahn fahren, müssen Sie des öfteren den Zug wechseln, weil die Spurbreite unterschiedlich ist), erreichen Sie per Telefon über Kabel, Satellit und Richtfunkstrecke jeden Winkel der Erde. Und: Die Telefonkommunikation ist eine sehr individuelle Kommunikation. Dritte sind, wenn wir es möchten, ausgeschlossen.

Wie bedeutend diese Kommunikationsform ist, sieht man daran, wie schnell beispielsweise in den neuen Bundesländern und in Osteuropa zuerst das Telefonnetz aufgebaut wird. Wer kein Telefon besitzt und im Telefonspiel nicht mitspielen kann, hat keine Chance. Weder privat noch wirtschaftlich.

Dieses Buch handelt vom ganz persönlichen Telefonieren. In erster Linie vom Telefonieren im Geschäftsleben. Es spricht von den Vorteilen der Telekommunikation, zum Beispiel der Schnelligkeit, den günstigen Kosten im Vergleich zum Außendienstbesuch. Vom Einsatz des Telefons in Verbindung mit dem Brief und dem persönlichen Kontakt. Nicht zu vergessen ist auch die ökologische Komponente. Für ein Verkaufsgespräch am Telefon müssen keine Bäume gefällt werden, kein Verkäufer muß sich durch verstopfte Innenstädte quälen. Und das Telefon hat noch eine merkwürdige Eigenschaft. Oder sind Sie schon einmal aus der Badewanne aufgestanden, wenn Sie gehört haben, daß der Briefträger einen Brief in Ihren Briefkasten geworfen hat?

Doch das Telefon kann auch zum Quälgeist werden. Wenn es nämlich klingelt, während Sie beispielsweise gerade ein Personalgespräch führen. Und es fehlt zur Zeit auch noch die Möglichkeit, Dinge am Telefon zu visualisieren oder auf die Körpersprache des Gesprächspartners zu achten. Aber auch das wird nicht mehr sehr lange dauern. Mit der ISDN-Technologie hält auch das preiswerte Bildtelefon Einzug in deutsche Firmen. Möglicherweise wird jetzt das Telefon ein wenig von seiner Faszination der Sprachkommunikation, verlieren. Dafür erhalten wir aber neue phantastische Möglichkeiten. Dies auch in Verbindung mit neuen Faxtechnologien, oder denken Sie einmal an die online-Dienste wie Compuserve, Microsoft Network, Internet usw. Compuserve hat zur Zeit weltweit drei Millionen Teilnehmer – und jede Woche kommen 60 000 dazu. Im weltgrößten Datenpool Internet tummeln sich heute 40 Millionen Nutzer, bis zur Jahrtausendwende werden es etwa 200 Millionen sein. Heute können Sie schon über diese Netze verkaufen, bestellen, mit den Teilnehmern kommunizieren und sogar sehr preiswert telefonieren. Das Telefon von morgen ist der PC. Dennoch, ich glaube, da sind wir uns alle einig, die Bedeutung der Telekommunikation, mit allen ihren faszinierenden Chancen und Möglichkeiten, hat gerade erst begonnen. Und Fähigkeiten zu erlernen, um mit Power zu telefonieren, werden immer wichtiger. Denn nur dann nutzen Sie die Geschäftschance, die eine Armlänge entfernt auf Ihrem Schreibtisch steht.

Bevor Sie jetzt mit dem Lesen beginnen, denken Sie bitte einmal für sich selbst darüber nach, was Sie daran hindert, noch erfolgreicher am Telefon zu sein. Kreuzen Sie bitte die fünf Punkte in der Checkliste an, die Sie am meisten behindern.

Was hindert mich, noch erfolgreicher am Telefon zu sein?

- ☐ Streß im Beruf belastet mich.
- ☐ Der Geräuschpegel im Büro ist zu hoch.
- ☐ Die Gesprächssituationen bei eingehenden Gesprächen sind oft zu überraschend.
- ☐ Private Probleme belasten auch mein Telefonverhalten.
- ☐ Unsere Telefontechnik ist veraltet.
- ☐ Durch ungenügende Informationen fühle ich mich unsicher.
- ☐ Ich habe zu wenig Zeit für die Anrufe.
- ☐ Ich weiß schon vorher, wie mein Gesprächspartner reagiert.
- ☐ Ich lasse mich von meiner momentanen Stimmung zu sehr beim Telefonieren beeinflussen.
- ☐ Ich habe nicht alle Informationen an meinem Arbeitsplatz. Das behindert mich.
- ☐ Ich muß am Telefon Dinge „auslöffeln", die mir andere eingebrockt haben.
- ☐ Sonstige:

  ____

  ____

  ____

Bei dieser Gelegenheit: Dieses Buch ist ein Arbeitsbuch! Machen Sie darin Randnotizen. Markieren Sie die für Sie wichtigen Stellen. Gestalten Sie Ihr eigenes Telefonbuch.

„Der Mann, der zu beschäftigt ist,
sich um seine Gesundheit zu kümmern,
ist wie ein Handwerker, der keine Zeit hat,
seine Werkzeuge zu pflegen.“

Spanisches Sprichwort

1. Fit am Telefon

Es war während der Olympischen Spiele 1992 in Barcelona. Der Weitsprungweltrekordler aus den USA, Mike Powell, konzentriert sich auf seinen letzten Versuch. Er kniet mit gefalteten Händen auf der Aschenbahn – noch eine Chance, den mit 8,68 Meter knapp vor ihm liegenden Carl Lewis zu schlagen. Volle Konzentration, ein gewaltiger Anlauf, 8,64 Meter. Geschlagen, zweiter Platz, Silbermedaille.

Warum das Thema Fitneß und dieses Beispiel am Anfang eines Buches über das Telefonieren? Nun, bei meinen Vorträgen und Seminaren stelle ich zu Beginn immer einige Fragen an die Teilnehmer. Eine davon lautet:

„Wer von Ihnen führt tagtäglich Telefongespräche, bei denen es um einen Umsatz von 100 DM geht?“ Alle heben die Hand.

„Um 500 DM?“ Fast alle behalten ihre Hand oben.

„Um 1 000 DM?“ Der größte Teil der Anwesenden behält die Hand oben.

Selbst bei 100 000 DM sind noch einige Hände oben.

Den meisten Teilnehmern, und vielleicht auch Ihnen, lieber Leser, wird jetzt bewußt, was sich heute am Telefon im Geschäftsleben abspielt. Ein falsches Wort, einmal „nicht gut drauf sein“, nicht fit sein bei einem Telefongespräch kann den Verlust eines Auftrags oder eines Kunden bedeuten. Mike Powell hat durch seinen Riesensatz noch die Silbermedaille ersprungen. Im Geschäftsleben bedeutet der zweite Platz meistens nichts, nur der erste gewinnt.

Wenn Sie also zu den besten gehören wollen, bleibt Ihnen keine andere Möglichkeit, als zu trainieren, um fit zu bleiben.

Wer Erfolg beim Telefonieren haben will, muß körperlich fit sein

Also, Sie haben morgen ein wichtiges Telefongespräch. Hoffentlich haben Sie es so terminiert, daß Sie in der möglichst besten Verfassung sind.

- ➪ Sind Sie beispielsweise ein Morgenmuffel, sollten Sie versuchen, wichtige Telefongespräche nur nachmittags zu führen.
- ➪ Und wenn Ihre Topzeit der Vormittag ist, legen Sie Ihre Telefonzeit auch auf den Vormittag. Es gibt keinen Grund, warum Sie sich Ihre Erfolgschancen beim Telefonieren schmälern sollten.
- ➪ Telefonieren Sie ausgeschlafen. Wenn Sie wissen, daß es morgen am Telefon um alles oder nichts geht, schlafen Sie sich aus.
- ➪ Vermeiden Sie Alkohol. Kein Sportler kann Leistungen bringen mit Alkohol im Blut. Auch ein Telefonprofi sollte alles tun, um fit zu sein.
- ➪ Zum körperlichen Wohlbefinden gehören natürlich auch die entsprechende Ernährung und sportliche Aktivität. Je wohler Sie sich fühlen, um so besser werden Sie telefonieren, wetten?

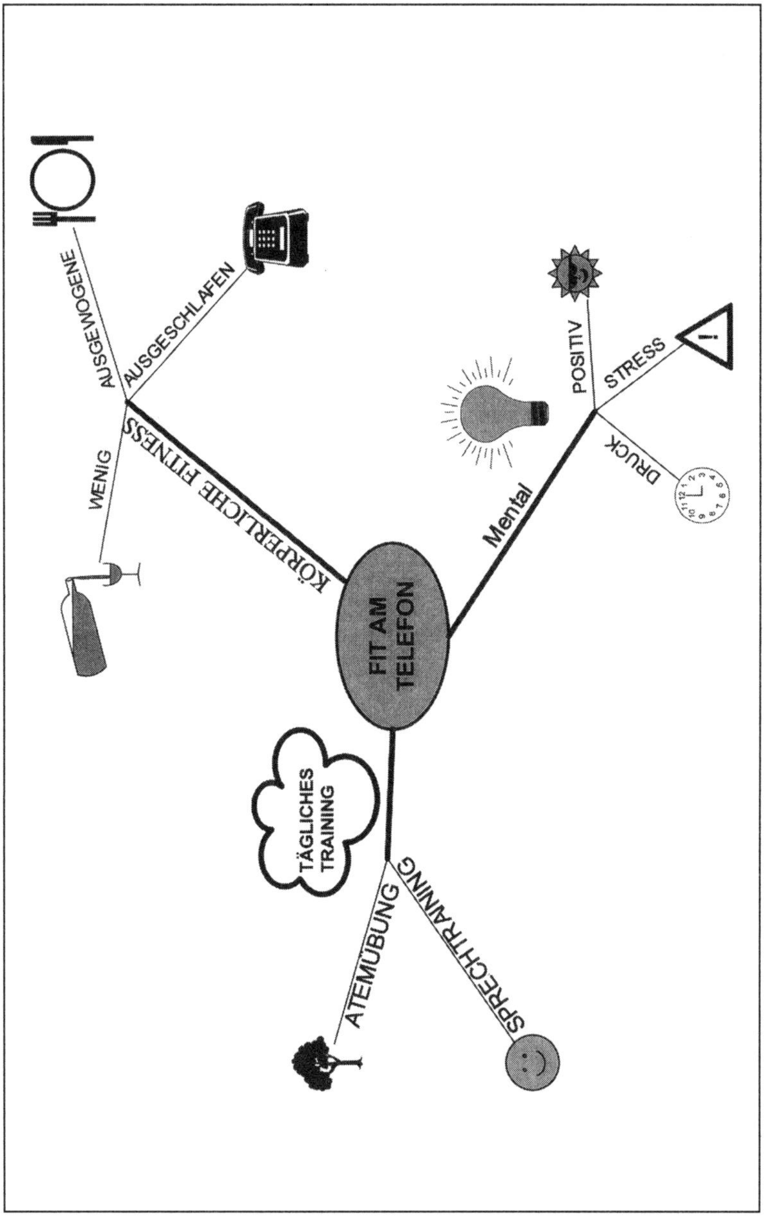
FIT AM TELEFON
KÖRPERLICHE FITNESS
WENIG
AUSGEWOGENE
AUSGESCHLAFEN
Mental
POSITIV
STRESS
DRUCK
TÄGLICHES TRAINING
ATEMÜBUNG
SPRECHTRAINING

Sie wollen telefonieren – wie sieht es mit Ihrer Psyche aus?

„Was hindert Sie, noch erfolgreicher am Telefon zu sein?" habe ich Sie gefragt. Haben Sie den Fragebogen ausgefüllt? Wenn nicht, dann tun Sie es bitte, bevor Sie jetzt weiterlesen.

Wahrscheinlich haben auch Sie sich für zwei Haupterfolgsverhinderer entschieden:

1. zuwenig Zeit
2. zuviel Streß

Beides hängt naturgemäß eng zusammen. Und es ist auch verständlich, daß Belastungen Auswirkungen auf Ihr Verhalten am Telefon haben. Nur, Ihr Kunde kann für die Situation, in der Sie sich gerade befinden, nichts. Versuchen Sie deshalb, bevor Sie anrufen oder den Hörer aufnehmen, um ein Gespräch entgegenzunehmen, Ihren Kopf frei von irgendwelchen negativen Einflüssen zu haben. Besser noch, füllen Sie Ihr Gehirn mit positiven Gedanken. Wie geht das? Mehr darüber im nächsten Kapitel.

Diese drei Punkte sollten Sie beachten:

- ⇨ Wenn das Telefongespräch beginnt, volle Konzentration auf den Gesprächspartner und den Inhalt des Telefongesprächs.
- ⇨ Geben Sie Ihrem Gesprächspartner das Gefühl, dies wäre das einzige Telefongespräch, das Sie heute führen.
- ⇨ Lassen Sie Ihren Gesprächspartner fühlen, daß er jetzt der wichtigste Mensch auf der Welt ist.

Das Schönste dabei ist, Telefongespräche laufen auch für Sie selbst wesentlich positiver, wenn Sie diese drei Punkte beherzigen. Und was spricht eigentlich gegen ein wenig Eigenmotivation?

Durch tägliches Training topfit

So, wie erfolgreiche Sportler täglich trainieren, um fit zu sein, empfiehlt sich das natürlich auch für den Profi am Telefon. Von der körperlichen und geistigen Fitneß haben wir bereits gesprochen. Jetzt geht's um das tägliche Training.

Atemübungen

ÜBUNG Vor wichtigen Telefongesprächen konzentrieren Sie sich und atmen im Stehen zehnmal kräftig durch die Nase ein, halten die Luft kurz an und atmen durch den Mund wieder aus. Dabei heben Sie Ihre Arme ganz langsam mit den Atemzügen nach oben und lassen sie mit dem Ausatmen langsam nach unten sinken. Achten Sie darauf, daß Sie nicht nach „innen" atmen – ein Fehler, den ich selbst am Anfang gemacht habe. Der Bauch soll sich beim Einatmen schön nach außen wölben. Dies ist eine sehr einfache Übung.

Es gibt ausgezeichnete Literatur zu diesem Thema in jeder Buchhandlung. Sie werden erleben, wie erfrischend und motivierend Atemübungen sind. Und wie total fit sie machen, nicht nur fürs Telefonieren.

Spazieren Sie beim Telefonieren einfach umher

Wie das denn, werden Sie fragen?

ÜBUNG Nun, ganz einfach: Besorgen Sie sich bei Ihrem Telefonhändler eine lange Schnur, die zwischen Telefonapparat und Hörer paßt. Ich habe an allen meinen Telefonapparaten, privat und im Büro, „lange Leitungen" von jeweils fünf Metern. Wenn's dann spannend wird, stehe ich auf und telefoniere im Stehen und Gehen. Dabei kann ich besser atmen, gestikulieren, einfach besser telefonieren. Im Unterbewußtsein verhalten Sie sich wahrscheinlich auch schon so. Wenn sie sich während eines Telefonats plötzlich voll konzentrieren müssen, erheben sich die meisten Menschen aus ihrem Sessel. Wenn die Schnur zu kurz ist, nehmen sie sogar den ganzen Telefonapparat in die Hand.

Sie werden merken, um wieviel lockerer es sich so telefonieren läßt, wenn man sich nicht durch eine angestrengte, nach vorne gebückte Schreibtischhaltung Atmung und Stimme abschnürt.

☎ **Aber vor allem: Der Kunde merkt, wie locker Sie telefonieren, wie positiv anders Ihre Stimme klingt.**

Alle wissen, wie Sie sprechen, nur Sie selbst nicht

ÜBUNG Deshalb nehmen Sie Ihren Anteil des Telefongesprächs auf, und trainieren Sie, sich selbst zuzuhören. Stellen Sie einfach hin und wieder einen einfachen Kassettenrecorder in die Nähe der Sprechmuschel Ihres Telefonapparats (beim Telefonspaziergang wird das allerdings etwas schwierig), und nehmen Sie Ihren Anteil am Telefongespräch auf. Ein Diktiergerät tut es zur Not auch, eine Tonbandkassette kann man sich im abendlichen Verkehrsstau (hoch lebe die Telekommunikation!) aber besser anhören.

☎ **Achtung! Das Mitschneiden von Telefongesprächen ist verboten. Es sei denn, Ihr Gesprächspartner ist über den Mitschnitt informiert und damit einverstanden.**

Aber Ihren Part am Telefongespräch, und der ist für Sie interessant, den dürfen Sie selbstverständlich aufzeichnen.

Am Ende dieses Buches finden Sie eine Reihe von Tips, nach welchen Kriterien Sie sich selbst zuhören und beurteilen sollten.

PERSÖNLICHE NOTIZEN

*„Wohin du auch gehst,
geh' mit deinem ganzen Herzen."*

Konfuzius (551–479),
chinesischer Philosoph,
bestimmend für die Sozialordnung Chinas

2. Auf die innere Einstellung kommt es an

Negative Einflüsse und was sie bedeuten

Um mit Power telefonieren zu können, ist es sehr wichtig, daß Sie den Kopf frei haben von irgendwelchen negativen Einflüssen. Dies ist allerdings in einer Zeit, in der es von negativen Meldungen nur so wimmelt, gar nicht so einfach. Tagtäglich überfluten uns die Medien mit grausamen Bildern aus aller Welt, die wirtschaftliche Situation bedrückt. All das erzeugt in unserem Gehirn Eindrücke, die uns auch beim Telefonieren negativ beeinflussen. Drei Gründe für nicht erfolgreiche Telefongespräche sind:

1. Schlechte Laune
2. Streß
3. Ängste (vor Fehlern, Arbeitsplatzverlust usw.)

Für all das ist unser Gehirn verantwortlich. Es sammelt alle Eindrücke, ob negativ oder positiv, und manipuliert uns.

Kurzum, es macht mit uns, was es will. Wir reagieren dabei wie der Pawlowsche Hund.

Wollen Sie zum Pawlowschen Hund werden?

Sie erinnern sich sicher an diese Geschichte mit dem Hund. Bevor er zu fressen bekam, wurde immer eine Glocke geläutet. Später reagierte der Hund auf die Glocke, obwohl es gar kein Essen mehr gab. Er wurde einfach manipuliert und reagierte entsprechend.

Wollen Sie das tatsächlich auch? Wollen Sie sich durch negative Einflüsse, die Ihr Gehirn Ihnen mit einem „Klingeln" vorgibt, die Stimmung vermiesen lassen? Nein, sicher nicht. Denn Sie wissen natürlich: Wenn Sie gut drauf sind, gelingt einfach alles, und wenn Sie schlecht drauf sind, gelingt nichts!

Deshalb:

⇨ **Sie** müssen Ihr Gehirn beherrschen.

⇨ **Sie** müssen fit sein, wenn es darauf ankommt.

⇨ **Sie** müssen Ihre innere Einstellung positiv einschalten, wenn **Sie** es wollen.

So sagen Sie Ihrem Gehirn, wo es langgeht!

Ich will Ihnen sagen, wie das geht. Es ist sehr wichtig, daß Sie diese Übung jetzt machen. Deshalb lesen Sie dieses Kapitel zu Ende, stoppen dann und führen dieses kleine Experiment durch, bevor Sie weiterlesen. Es macht auch sehr viel Spaß, diese Übung mit Freunden und Kollegen durchzuführen.

ÜBUNG Ich möchte jetzt, daß Sie an etwas sehr Schönes denken. Diese Erinnerung kann kurz oder auch länger zurückliegen. Denken Sie vielleicht an die erste Liebe, den ersten Kuß, den besten Verkaufserfolg. Entspannen Sie sich, lehnen Sie sich zurück und schließen Sie die Augen. Nun denken Sie an diese schöne Erinnerung, ganz, ganz intensiv. Lassen Sie Ihren eigenen privaten Film ablaufen. Jetzt drehen Sie an Ihrem inneren Kontrastknopf

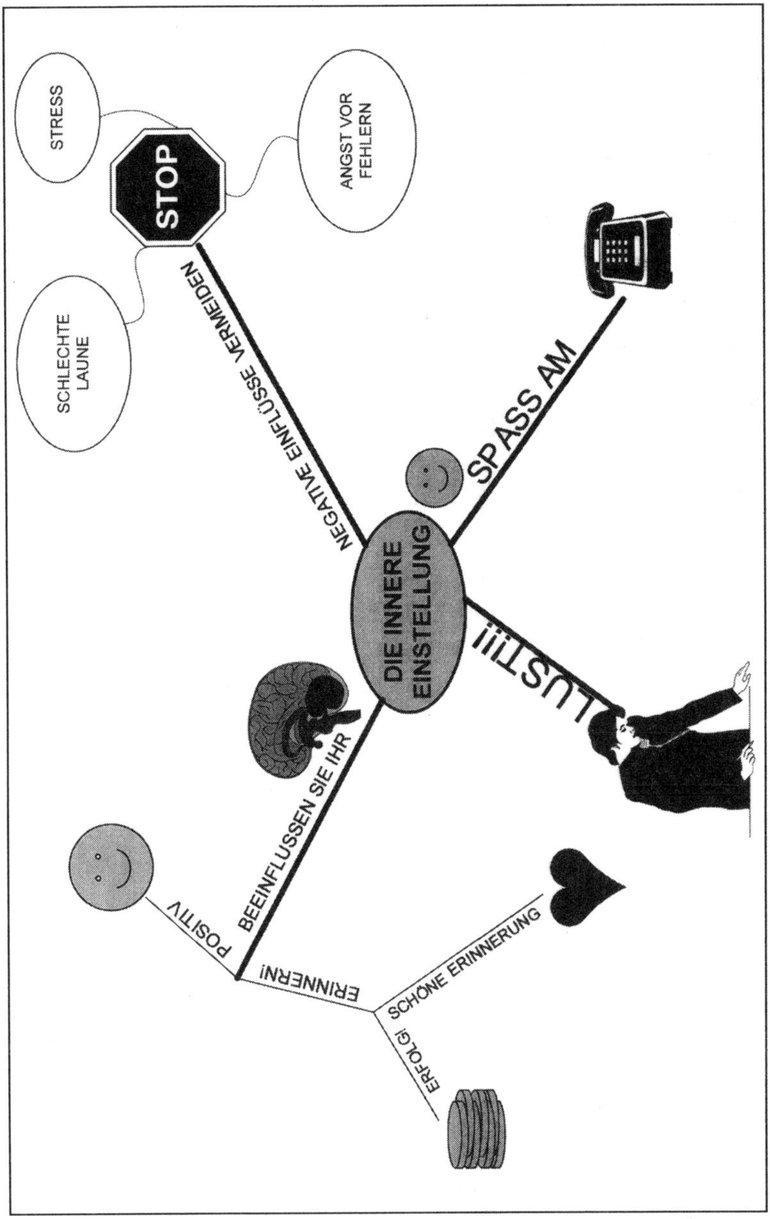
DIE INNERE EINSTELLUNG
NEGATIVE EINFLÜSSE VERMEIDEN
STOP
STRESS
ANGST VOR FEHLERN
SCHLECHTE LAUNE
SPASS AM
LUST!!!
BEEINFLUSSEN SIE IHR
POSITIV
ERINNERN!
SCHÖNE ERINNERUNG
ERFOLG!

und machen das Bild Ihrer schönen Erinnerung immer heller und leuchtender. Nun drehen Sie auch am Lautstärkeregler. Was haben Sie damals gesprochen? Hören Sie die Geräusche und die Musik von damals? Erinnern Sie sich daran, was Sie damals gefühlt haben. Denken Sie an Einzelheiten, Kleinigkeiten, die für Sie schön waren. Zoomen Sie jetzt dieses schöne Bild mit all seinen Geräuschen und Gefühlen ganz nah zu sich heran – und genießen Sie es!

In meinen Seminaren mache ich diese Übung mit 120 und mehr Teilnehmern. Ich reduziere dabei die Beleuchtung etwas und spiele eine entspannende Musik dazu. Es macht mir Freude zu sehen, wie sich die Gesichter der über einhundert Personen langsam verändern. Wie ein Lächeln über die Gesichter huscht, wie die Körperhaltung sich entkrampft. In der darauffolgenden Kaffeepause sehe ich viele fröhliche, lachende Menschen, für alle hat ein schöner Tag begonnen.

Was meinen Sie, würde passieren, wenn jetzt ein wichtiges Telefonat geführt werden müßte? Mit dieser schönen Erinnerung!

ÜBUNG Übrigens, versuchen Sie die gleiche Übung auch einmal, indem Sie sich eine negative Erinnerung ins Gedächtnis rufen. Nehmen Sie das Bild und machen Sie es größer und klarer. Denken Sie an Einzelheiten und machen Sie sie noch deutlicher. Was passiert in Ihrem Gehirn? Die meisten Menschen finden, daß sich ihre negative Einstellung intensiviert. Wenn Sie zuvor schon schlecht gelaunt waren, verstärkt sich diese Einstellung weiter. Deshalb nehmen Sie jetzt dieses negative Bild schnell wieder zurück. Drehen Sie den Kontrastknopf und die Helligkeit herunter. Und den Lautstärkeregler. Die negativen Gefühle verlieren ihre Kraft.

Was bedeutet dies für Sie persönlich?

Nun, Sie können selbst entscheiden, wie Sie weitermachen möchten. Sie können sich weiterhin durch die Eindrücke Ihres Gehirns, ob positiv oder negativ, beeinflussen lassen und im Prinzip weiterleben wie der Pawlowsche Hund. Oder Sie führen Ihr Gehirn, indem Sie aus Ihrem Bildarchiv einfach schöne Erinnerungen nehmen und sie für Ihren Erfolg verwenden.

Lust zum Telefonieren

Dazu will ich Ihnen eine kleine Geschichte erzählen.

> Vor einiger Zeit hatte ich das Gefühl, daß in einem unserer Telemarketingbüros irgend etwas nicht in Ordnung war. Ich konnte auch nicht genau erklären, was es war, aber bei meinen Rundgängen durch dieses Büro („Management by walking around", ein System, das Hewlett-Packard mit großem Erfolg praktiziert) stimmte etwas nicht. Ich bat meine Assistentin, Sonja Zink, sie ist für mich die Telefonkommunikatorin schlechthin, eine Woche in diesem Büro mitzuarbeiten. Dies bedeutete, Sonja telefonierte in den einzelnen Kampagnen mit und sollte den Mitarbeitern, falls gewünscht, Hilfestellung geben. Alles wurde mit dem Management des Büros abgesprochen, die Hilfe wurde auch dankbar angenommen.
>
> Nach einer Woche war Sonja wieder zurück, und ich fragte neugierig: „Na, wie war's, Sonja?" Sie hatte alles fein säuberlich auf zwei DIN-A4-Seiten aufgeschrieben und ging mit mir Punkt für Punkt durch. Zum Schluß sagte sie nachdenklich: „Günter, ich glaube, da ist noch etwas. Da fehlt die **Lust** am Telefonieren."

Blitzartig hatten wir beide das Problem erkannt. Wie kann etwas gut gemacht werden, wenn man keine Lust dazu hat? Oder haben Sie schon einmal einen guten Job gemacht, wenn Sie keine Lust dazu hatten? Es lag also nicht an den Telefonskripten, nicht an der Arbeitsüberlastung und nicht an der Einarbeitung – oder nur zu einem geringen Teil. Wir haben dann, Sonja und ich, mit den Führungskräften gesprochen. Die Teamleiter, die für die Führung und Motivation der Telefonkontakter verantwortlich sind, erhielten ein Spezialseminar zum Thema „Mitarbeitermotivation". Sie lernten dabei auch, wie beispielsweise die Übung aus dem vorangegangenen Kapitel anzuwenden ist.

Freude und Lust an der Arbeit sind die absolute Garantie für den Erfolg. Oder, wie hat einmal ein sehr bekannter deutscher Politiker gesagt: „Aus einem traurigen Arsch kann kein fröhlicher Furz kommen."

PERSÖNLICHE NOTIZEN

„Im Gebirge der Wahrheit kletterst du nie umsonst:
entweder du kommst schon heute weiter hinauf,
oder du übst deine Kräfte,
um morgen höher steigen zu können."

Friedrich Nietzsche (1844–1900),
deutscher Philosoph

3. Ehrlich währt am längsten (verkauft am längsten)

Lügen im Geschäftsleben, ist das notwendig?

Wir sollten hier am besten direkt darüber diskutieren, was Lügen sind. Was ist der Unterschied zwischen Lügen und Schwindeln? Oder, was ist, wenn ich in einem Verkaufsgespräch etwas verschweige, fällt das auch unter Lügen? Das sind die Diskussionspunkte, wenn ich dieses Thema in meinen Seminaren behandle.

Eigentlich geht es um viel, viel mehr, nämlich um das Thema Ethik und Moral im Geschäftsleben. Die nachfolgenden Fragen hat man in Amerika gestellt. Sie entstammen dem Buch von James Patterson und Peter Kim „The day, when America told the truth" (1991, Prentice Hall). Was wären Ihre Antworten auf die gestellten Fragen? Wieviel Prozent der Menschen, die Sie kennen, würden auf diese Fragen mit „Ja" antworten?

CHECKLISTE

Lügen Sie regelmäßig? ☐

Würden Sie lügen, um einen Geschäftsvorteil zu erzielen? ☐

Haben Sie im letzten Jahr etwas getan,
für das Sie sich heute schämen? ☐

Für 20 Millionen DM würden Sie:
- Ihre Familie verlassen? ☐
- Ihre(n) Lebensgefährten/in verlassen? ☐
- Ihren Glauben aufgeben? ☐
- eine Woche als Prostituierte(r) arbeiten? ☐
- einen Fremden umbringen? ☐

Glauben Sie an die zehn Gebote? ☐

Sollten Ethik und Moral an unseren Schulen
und Universitäten gelehrt werden? ☐

Die Antworten der amerikanischen Umfrage finden Sie im Anhang am Ende des Buches auf Seite 224.

Interessant ist, daß offenbar die Sehnsucht nach Moral und Ehrlichkeit enorm groß ist, man aber andererseits auch denkt, daß man tagtäglich schwindeln muß und auch beschwindelt wird. Genau das ist doch die Situation, die Sie antreffen, wenn Sie heute jemanden anrufen, um mit ihm ins Geschäft zu kommen. Da ist das Mißtrauen, hier will mir eine fremde Person doch nur etwas verkaufen, will mein Geld, stiehlt mir meine Zeit, meint es doch nicht ehrlich mit mir ...

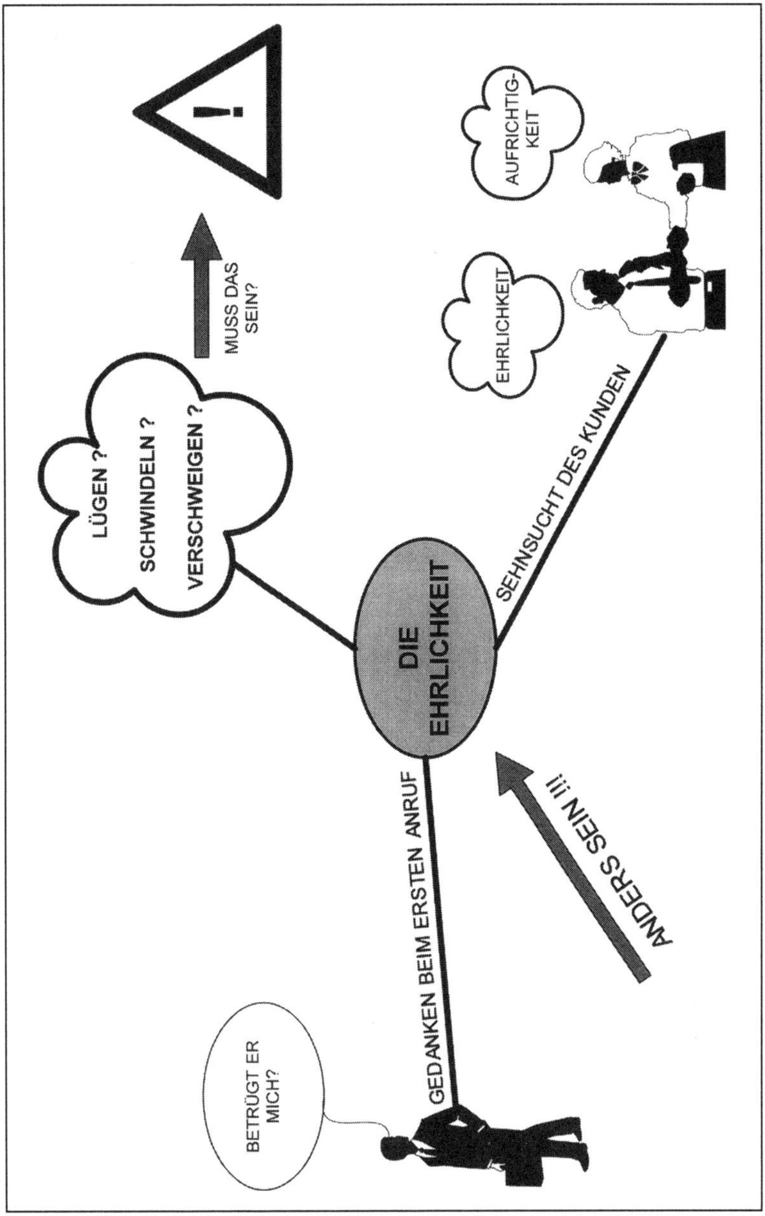
LÜGEN ?
SCHWINDELN ?
VERSCHWEIGEN ?
MUSS DAS SEIN?
EHRLICHKEIT
AUFRICHTIG-KEIT
DIE EHRLICHKEIT
SEHNSUCHT DES KUNDEN
GEDANKEN BEIM ERSTEN ANRUF
ANDERS SEIN !!!
BETRÜGT ER MICH?

Zugegeben, dieses Mißtrauen beseitigen Sie auch nicht in einem ersten Telefongespräch. Vielleicht hilft Ihnen da der Bonus einer Weltfirma wie IBM oder Mercedes, aber nicht jeder arbeitet bei einem solchen Konzern. Helfen kann auch eine Referenz, die Sie nennen und die Auskunft über Sie erteilt. Dennoch, beginnen Sie mit dem ersten Kontakt zu einem neuen Kunden das Geschäft mit Ehrlichkeit. Das äußert sich gerade in Kleinigkeiten:

Wenn Sie beispielsweise Ihr Telefongespräch mit dem Satz eröffnen: „Herr Dr. Schneider, ich habe möglicherweise eine interessante Information für Sie. Dazu brauche ich weniger als vier Minuten Ihrer Zeit …", dann

- ⇨ sollte die Information auch interessant sein, und
- ⇨ Sie sollten die vier Minuten konsequent einhalten.

Der erste Eindruck ist möglicherweise der erste Schritt zu einer langfristigen Geschäftsbeziehung. Starten Sie ihn mit Ehrlichkeit. Gerade in einer Zeit, in der uns in dieser Hinsicht in Gesellschaft und Politik die Vorbilder fehlen, werden Sie bewußt oder unterbewußt bei Ihrem potentiellen Kunden Eindruck machen.

Der Unterschied zwischen Lügen, Schwindeln und Verschweigen am Telefon

Eigentlich ist zu diesem Thema bereits alles gesagt: Es gibt keinen.

Dennoch bestreitet niemand, daß gerade im Verkauf Situationen entstehen, die dem Verkäufer keine Chance lassen, als sich bei diesem Thema im Grenzbereich zu bewegen.

Ich erinnere mich an den Beginn meiner Verkäuferkarriere 1969 bei einem großen europäischen Büromaschinenkonzern. Ich startete für 750 DM Grundgehalt als Bezirksbeauftragter (Die „alten Hasen" nannten uns auch Zonenschweine). Bei dieser Gelegenheit: Seltsam, daß man in Deutschland so wenig den Titel „Verkäufer" auf den Visitenkarten liest, als ob das etwas Unanständiges wäre. In Amerika steht da „Sales Representative" = Verkaufsrepräsentant, bei uns: Bezirksbeauftragter, Vertriebsrepräsentant, Gebietsmanager usw. Eigenartig, oder?

Wie auch immer, ich kam total motiviert und voller Lust zum Telefonieren vom Verkaufsgrundlehrgang und machte mich ans Werk. Damals gab es bei uns eine neue Rechenmaschinenserie, die Klasse 26. Es handelte sich um druckende, ratternde Monster von fast 15 kg Gewicht. Zwei Modellreihen standen zur Verfügung: die Multisumma 26, sie konnte addieren, subtrahieren und multiplizieren, und die Divisumma 26, die zusätzlich dividieren konnte.

Ich rief alle Besitzer des Vorgängermodells Divisumma 24 an, um einen Vorführtermin für die Nachfolgeserie 26 zu vereinbaren. Und jetzt kommt's: die Multisumma 26 kostete 1 980 DM, die Divisumma 2 350 DM. Ich hatte damals regelrecht Angst, die teure Maschine anzubieten, weil ich glaubte, kein Mensch gibt mehr als 2 000 DM für eine Rechenmaschine aus. Also bot ich am Telefon nur die Multisumma für 1 980 DM an, verschwieg aber, daß diese nicht dividieren konnte.

Ich verkaufte eine Reihe der Maschinen im Austausch gegen das Vorgängermodell – und bekam im nachhinein eine Menge Probleme. Die Probleme wurden zwar alle irgendwie geklärt, durch Nachverkauf oder Rabatte, aber sie waren nicht nötig. Am schlimmsten für mich war mein Gesichtsverlust beim Kunden und das persönliche Gefühl, feige gewesen zu sein.

Also, seien Sie ehrlich, schwindeln Sie nicht, und verschweigen Sie auch nichts. Im Zweifelsfall hilft immer, sich in die Situation des Kunden am anderen Ende der Telefonleitung zu versetzen und sich zu fragen: „Ist das so o.k.? Würde ich mir das auch selbst so verkaufen?"

PERSÖNLICHE NOTIZEN

„Wenn ein Mann sich nicht auf seine Chance vorbereitet hat, macht sie ihn nur lächerlich."

Pablo Picasso (1891–1973), spanischer Maler, Grafiker und Bildhauer

4. Ein Telefongespräch kann nur so gut sein wie die Vorbereitung

Gut informiert telefoniert es sich leichter

Ganz gleich, ob Sie zum ersten Mal einen Kunden anrufen oder ob Sie einen Bestandskunden telefonisch betreuen, es ist wichtig, optimal informiert zu sein. Dies gilt im übrigen auch für eingehende Anrufe. Bei dieser Gelegenheit eine Gewissensfrage: Wie informieren Sie die Mitarbeiter in Ihrer Telefonzentrale? Beispielsweise über neue Produkte oder über gerade anlaufende Werbemaßnahmen? Bisher gar nicht?

Haben Sie schon einmal überlegt, welcher Ihrer Mitarbeiter tagtäglich die meisten Kundenkontakte hat? Und welchen Eindruck es macht, wenn ein Kunde anruft, sich auf eine Werbung im „Stern" beruft, und die Telefonzentrale, die Visitenkarte Ihres Unternehmens, weiß nichts davon?

Ich empfehle Ihnen dringend, die Mitarbeiter der Telefonzentrale über alles zu informieren, was sie für ihren wichtigen und schweren Job für die Kommunikation mit Kunden und Interessenten wissen müssen. Dazu gehören Punkte wie beispielsweise:

- ⇨ Information über neue Produkte
- ⇨ Basistraining über neue Produkte

⇨ Information über laufende Werbemaßnahmen

⇨ Information über Telemarketing-Aktionen mit externem Dienstleister

⇨ Personelle Veränderungen

⇨ Presseveröffentlichungen usw.

Es gibt einige wenige Unternehmen, die die Mitarbeiter der Telefonzentrale an einzelnen Themenbereichen in Managementmeetings teilnehmen lassen, beispielsweise wenn es um Kundenzufriedenheit und Kundenservice geht. Das motiviert und informiert.

Nur Mitarbeiter der Telefonzentrale, die informiert sind und wissen, worum es geht, können mit Freude und Lust telefonieren.

Erinnern Sie sich noch an den Fragebogen ganz am Anfang des Buches? Eine Aussage lautet: Ich habe nicht alle Informationen an meinem Arbeitsplatz. Das behindert mich.

Auswertungen zeigen, daß dies als Hinderungsgrund, noch erfolgreicher am Telefon zu sein, von den zwölf Punkten immer an dritter oder vierter Stelle genannt wird.

☎ **Also: Schaffen Sie ein Informationssystem für alle Mitarbeiter, die telefonischen Kundenkontakt haben! Für den Verkäufer am Telefon gilt natürlich das gleiche. Bevor er anruft, muß er bestens informiert sein.**

Informationen, die Sie brauchen, und woher Sie sie bekommen

Hier gibt es Unterschiede, ob es sich um einen Erstanruf bei einem Neukunden oder um die Bestandskundenpflege handelt. Ich möchte zuerst zum Thema „Neukunden“ kommen. Oft geht es schon bei der Frage los: „Woher bekomme ich die richtigen Adressen, möglichst mit Telefonnummer?“ Hier einige Quellen:

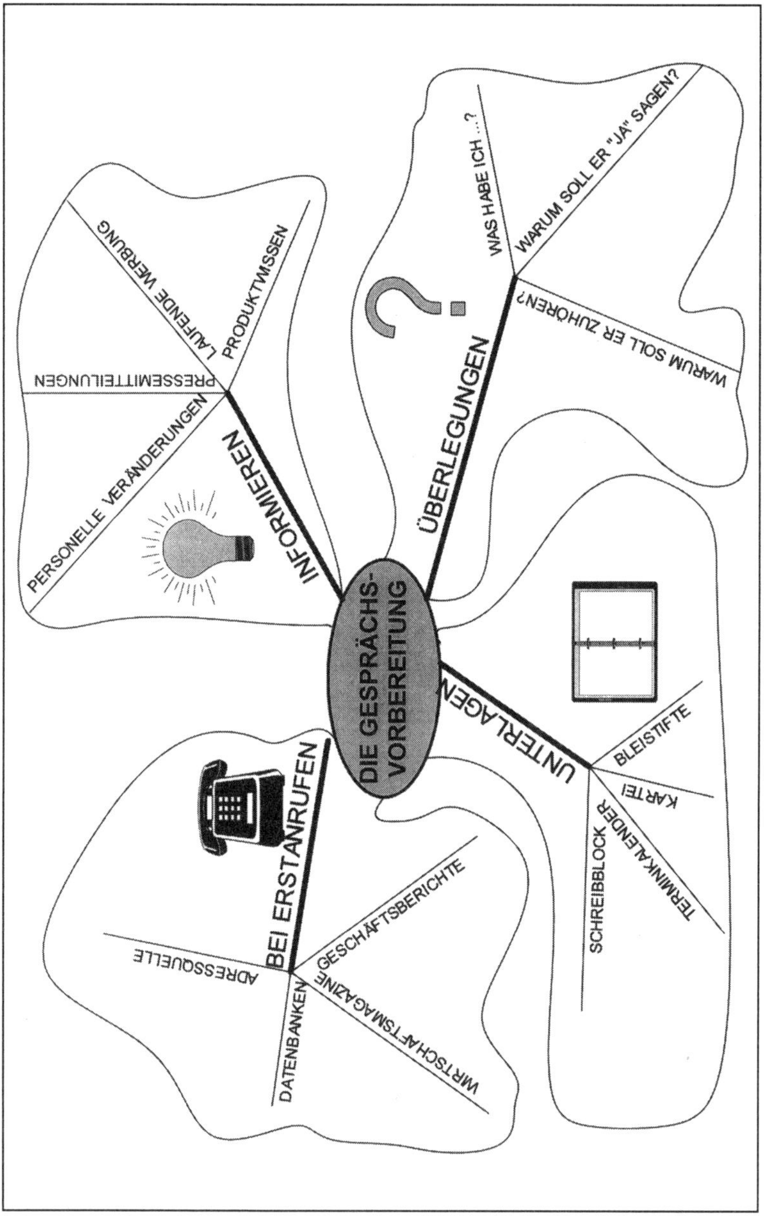
DIE GESPRÄCHS-
VORBEREITUNG
INFORMIEREN
PERSONELLE VERÄNDERUNGEN
PRESSEMITTEILUNGEN
LAUFENDE WERBUNG
PRODUKTWISSEN
ÜBERLEGUNGEN
WAS HABE ICH ...?
WARUM SOLL ER "JA" SAGEN?
WARUM SOLL ER ZUHÖREN?
UNTERLAGEN
BLEISTIFTE
KARTEI
TERMINKALENDER
SCHREIBBLOCK
BEI ERSTANRUFEN
ADRESSQUELLE
GESCHÄFTSBERICHTE
WIRTSCHAFTSMAGAZINE
DATENBANKEN

- ⇨ Adreßverlage
- ⇨ Verbandslisten
- ⇨ Nachschlagewerke
- ⇨ Verzeichnisse der Industrie- und Handelskammern
- ⇨ „Gelbe Seiten“ der Telefonbücher
- ⇨ „Euro Pages“, europäische Branchenadressen
- ⇨ Geschäftsberichte
- ⇨ Pressebeobachtungen
- ⇨ Wirtschaftsnachrichten
- ⇨ Elektronische Medien, wie beispielsweise CD-Rom
- ⇨ On-Line-Datenbanken

Dies als Anregung. Vieles ist Ihnen sicher bekannt, und Sie sind mit den Leistungen, beispielsweise Ihres Adreßverlages, auch mehr oder weniger zufrieden. Wenn Sie mehr wissen wollen über Personen und Funktionsträger, hier einige Nachschlagewerke:

- Leitende Männer der Deutschen Wirtschaft
  Hoppenstedt Verlag, Darmstadt
- Wer leitet das Middlemanagement
  Hoppenstedt Verlag, Darmstadt
- „Who is Who“ in Deutschland
  Media Marketing, Herrsching
- „Who is Who“ in Europa
  Media Marketing, Herrsching

Es ist gar nicht so schwierig, gut informiert zu sein. Mit ein wenig Nachdenken und Phantasie klappt das. Aber, bitte vor dem Anruf die benötigten Informationen bereitlegen.

Meine Zielgruppe sind in erster Linie Großunternehmen, oft Aktiengesellschaften. Ich kaufe oft nur eine einzige Aktie pro Unternehmen. Das treibt zwar meine Bank manchmal an den Rand des Wahnsinns, ich erhalte jedoch immer die Aktionärsbriefe und damit viele Informationen über diese wichtigen Firmen für meine Akquisition per Telefon.

Und wie funktioniert es mit den Bestandskunden? Es sollte einfacher sein, ist es aber in der Regel nicht. Ich kenne kaum ein Unternehmen, das eine aktuelle, sauber geführte Kundendatei hat. Die Informationen, die man bräuchte, um kundenorientiert zu telefonieren, sind zwar alle im Unternehmen vorhanden, aber wo? Vieles in der Buchhaltung und im Rechnungswesen, vieles im Kopf der Verkäufer (einschließlich der ausgeschiedenen) oder auf der Rückseite einer überreichten Visitenkarte in einem Anzug, der sich gerade in der Reinigung befindet. Verkäufer hassen es nun einmal, Formulare auszufüllen und systematisch zu arbeiten.

☎ **Dennoch: Bestehen Sie auf Disziplin, aber geben Sie Ihrem Vertrieb auch die richtigen, einfach zu bedienenden Hilfsmittel zur Hand. Erfolg verspricht, wie bei vielem, das KISS-System (keep it simple and stupid). Und wenn Ihr Topverkäufer die Daten nicht in den PC eingeben will? Dann heuern Sie vielleicht lieber eine Aushilfsmitarbeiterin an, die dies erledigt, als sich den Frust Ihres Verkaufsstars einzuhandeln.**

Ob Erstanruf oder Bestandskunde, alle Informationen aus den unterschiedlichen Quellen werden systematisch geordnet und – nein, bitte noch nicht anrufen!

Diese Unterlagen müssen bereitliegen

Also,

⇨ die gesammelten Informationen, systematisch angeordnet auf eine Karteikarte oder in einer Formularmaske im Personalcomputer

- ein Schreibblock
- mehrere gespitzte Bleistifte oder Kugelschreiber (falls einer abbricht oder ausfällt)
- der Geschäftsbericht, Aktionärsbrief, Pressebericht usw. (falls vorhanden)

Ein bißchen viel Aufwand, denken Sie? Ich sage: Es geht nicht um einen Anruf, es geht um einen Kunden, einen potentiellen Bestandskunden oder, noch besser, einen möglichen Referenzkunden. Und gerade bei der Neukundengewinnung per Telefon gilt: „Du bekommst selten eine zweite Chance, einen ersten schlechten Eindruck wiedergutzumachen!"

Jetzt wählen? Warten Sie noch!

Überlegungen, bevor Sie den Hörer aufnehmen

Was wollen Sie eigentlich von Ihrem Ansprechpartner? Vielleicht einen Auftrag? Vielleicht einen Termin? Gut, gestatten Sie mir drei Fragen?

- Warum soll der Kunde Ihnen zuhören?
- Was haben Sie für den Kunden?
- Warum soll er oder sie zu Ihrem Angebot „Ja" sagen?

Und was sagen Sie, wenn die Sekretärin Sie fragt: „Worum geht es denn?" Sind Sie auf alles vorbereitet?

Gut, dann Bürotüre zu, damit Sie nicht gestört werden, und los!

Oder warten Sie lieber noch ein wenig. Wir werden gemeinsam in den nächsten Kapiteln die noch offenen Punkte klären.

PERSÖNLICHE NOTIZEN

„Wer das erste Knopfloch verfehlt, kommt mit dem Zuknöpfen nicht zu Rande.“

Johann Wolfgang von Goethe (1749–1832), deutscher Dichter

5. Die systematische Kundenansprache

Das Telefon als ein Instrument im Verkaufsorchester

Die Telekommunikation nimmt einen immer größeren Stellenwert in Marketing und Vertrieb ein, das ist klar. Ohne Telefon geht nichts. Wirtschaftssysteme, die ein ungenügendes Telekommunikationsnetz haben, sind nicht konkurrenzfähig. Wir haben es mit der Wiedervereinigung erlebt: In Windeseile wird ein leistungsfähiges Telefonnetz in den neuen Bundesländern eingerichtet. Nur damit kann überhaupt der wirtschaftliche Anschluß einigermaßen in Gang kommen.

Dennoch bleibt der persönliche Verkäuferbesuch der wichtigste, weil persönlichste. Und auch der Brief oder andere schriftliche Anspracheformen behalten Ihre Gültigkeit. Allerdings wird sich da zukünftig einiges verschieben. Denn während in der Fertigung in den letzten Jahren durch Automatisierung die Produktion um mehrere hundert Prozent gesteigert wurde, ist in Marketing und Vertrieb bisher wenig geschehen. Immer noch wandert der Außendienstmitarbeiter von Interessent zu Interessent, steht auf Autobahnen in Staus oder quält sich durch verstopfte Innenstädte. Und das oft mit einer geringen Effizienz und mit enormen Kosten.

Aber gerade jetzt stehen wir vor oder vielleicht schon mitten in einer Revolution. Hier einige Punkte dazu:

- ⇨ Die Einführung von Computersystemen in Vertrieb und Marketing hat begonnen. Schlagworte wie Database Marketing und Computer Aided Selling (CAS) sind Themen in den verantwortlichen Abteilungen der Unternehmen.
- ⇨ Die Vertriebskosten steigen und steigen. Nicht immer ist der Verkäufer vor Ort notwendig. Schneller und besser (auch für Kunden mit Zeitknappheit) ist der telefonische Kundenbesuch.
- ⇨ Die Kunden wünschen immer mehr und schnelleren Service von ihren Lieferanten. In einer Zeit, wo Produkte immer ähnlicher werden, wird der Service zum entscheidenden Wettbewerbsvorteil. Unternehmen wie Dell Computer mit Telefondirektvertrieb und Telefonservice „rund um die Uhr“ und die Citibank mit „Citiphone Banking“, wo man fast alle Bankgeschäfte per Telefon 24 Stunden am Tag europaweit erledigen kann, machen es den etablierten Wettbewerbern vor.
- ⇨ Und dann das Thema „Ökologie“. Muß man wirklich immer für jede Kleinigkeit beim Kunden persönlich auftauchen, oder reicht nicht doch ein Telefonanruf? Müssen diese Massenmailings, die Tonnen von Papier verbrauchen, wirklich sein? Oder ist der individuelle Brief aus der gepflegten Datenbank, abgestimmt auf die Bedürfnisse des Kunden, nicht besser? „Wer Informationen bewegen will, muß nicht unbedingt Materie in Bewegung setzen“, sagte der saarländische Umweltminister Jo Leinen auf dem TAS Telemarketing Tag 1992 in Saarbrücken.

Die Systematik im Vertrieb, aufgebaut auf einer integrierten Marketing-Datenbank, hilft:

- ⇨ die Vertriebskosten zu senken,
- ⇨ den Kundenservice zu verbessern,
- ⇨ die Umwelt zu schonen.

Wie ein integriertes Vertriebssystem im Vergleich zu dem herkömmlichen, außendienstorientierten Vertrieb aussehen kann, zeigt Ihnen das Beispiel auf Seite 44.

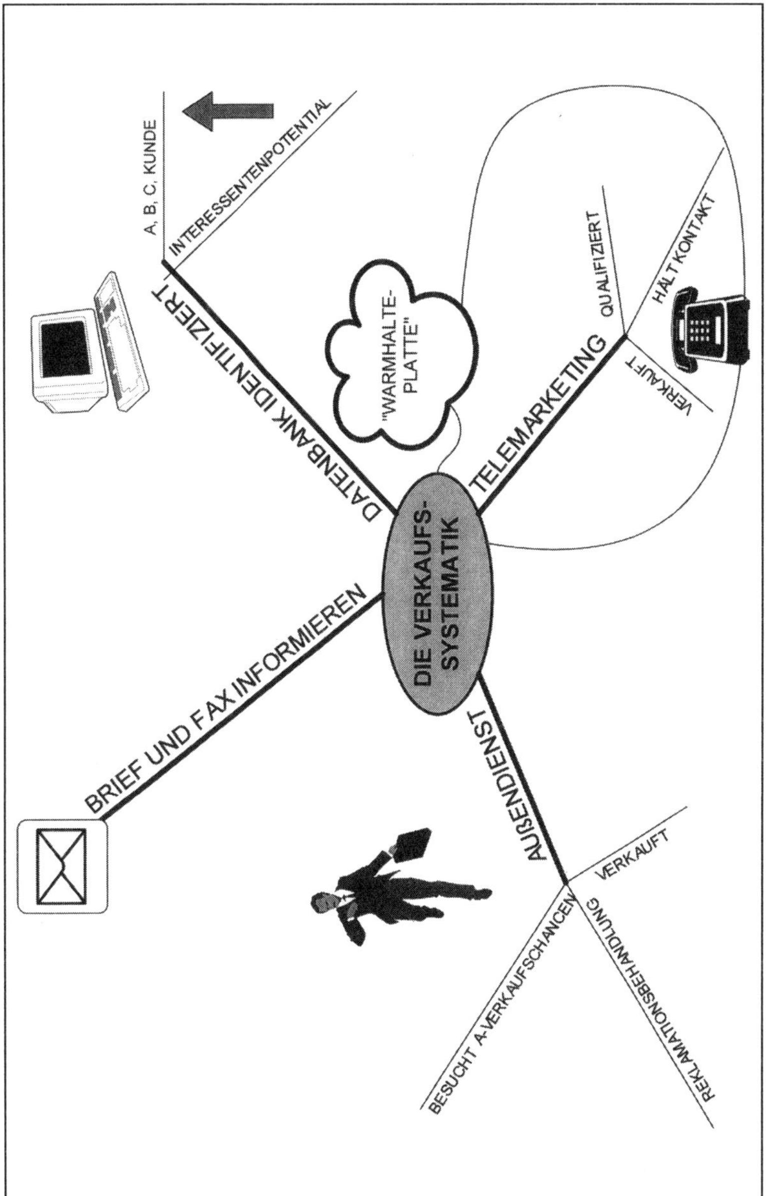
DIE VERKAUFS-SYSTEMATIK
DATENBANK IDENTIFIZIERT
A, B, C, KUNDE
INTERESSENTENPOTENTIAL
"WARMHALTE-PLATTE"
TELEMARKETING
QUALIFIZIERT
HÄLT KONTAKT
VERKAUFT
BRIEF UND FAX INFORMIEREN
AUßENDIENST
VERKAUFT
BESUCHT A-VERKAUFSCHANCEN
REKLAMATIONSBEHANDLUNG

	Außendienstorientierte Vertriebsstrategie		Integrierte Vertriebsstrategie	
	Maßnahmen	Kosten	Maßnahmen	Kosten
A - Kunde	6	1.800,--	4	1.200,--
			8	200,--
			8	40,--
				1.440,--
B - Kunde	2	600,--	1	300,--
			4	100.--
			8	40,--
				440,--
C - Kunde	1	300,--	4	100,--
			4	20,--
			(Besuch bei Bedarf)	??
				120,--
Kostenannahme: (in DM)				300,--
				25,--
				5,--

Kostenvergleich integrierter Vertriebssysteme

Was glauben Sie, welche Kunden fühlen sich besser betreut?

Das Herzstück eines modernen, integrierten Vertriebssystems ist in jedem Fall immer das Computersystem. Die passende Software, die natürlich auch Telemarketing beinhaltet, ist heute für Unternehmen jeder Branche und Größe auf dem Markt verfügbar.

Telefon und Telefax – zwei mächtige Verbündete

Wohl kaum ein Telekommunikationsgerät, auch das gute alte Telefon nicht, hat so schnell Akzeptanz gefunden wie das Telefax. Anfang der 80er Jahre kamen die ersten Geräte auf den Markt. Heute, zehn Jahre später, kann sich kaum noch ein Geschäftsmann vorstellen, wie das denn ohne Fax gegangen ist. Das Faxgerät ist ein typisches Produkt unserer Zeit, ein Lifestyle-Produkt sozusagen. Es ist einfach zu bedienen. Es macht das Leben bequem, weil man zur Not einfach handschriftliche Notizen versenden kann. Und es ist schnell und paßt deshalb hervorragend in unser hektisches Leben.

Das Telefax, mit dem ich Texte und Bilder auf Knopfdruck in Bruchteilen von Sekunden rund um die Erdkugel verschicken kann, und das Telefon, mit dem ich ebenso schnell eine Sprachkommunikation aufbauen kann, ergänzen sich hervorragend.

Hören Sie sich einfach einmal diese Geschichte an:

> Ein Freund aus Amerika stand kurz vor seinem Umzug von Los Angeles nach Seattle. Drei Tage vor dem Umzugstermin erhielt er einen Anruf von einer Telefonverkäuferin der Telefongesellschaft AT & T. Die Dame telefonierte mit einer tollen, man könnte fast sagen erotischen Telefonstimme. Hier der Ablauf des Telefongesprächs:
>
> „Hier ist Nancy Rieder von AT & T. Guten Tag, Mr. Walther. Mr. Walther, ich habe erfahren, daß Sie kurz vor dem Umzug von L.A. nach Seattle stehen?“
> „Ja.“
> „Dann benötigen Sie doch sicher schnellstmöglich in Seattle Telekommunikationsdienstleistungen?“
> „Ja.“
> „Mr. Walther, damit AT & T Ihnen die Telekommunikationsdienste installieren kann, die Sie benötigen, darf ich einige Fragen an Sie richten?“
> „Ja, sicher.“
> Nancy machte eine erstklassige Bedarfsanalyse, faßte das Ergebnis des Telefongesprächs noch einmal zusammen und fuhr fort:
> „Danke für die Informationen, Mr. Walther. Ich schicke Ihnen heute noch

das ausgefüllte Antragsformular zu. Wenn Sie es dann sofort unterschrieben zurückschicken, haben Sie in spätestens 14 Tagen Telefon und Telefax in Ihrem neuen Haus in Seattle. Ich wünsche Ihnen einen schönen Umzug, Mr. Walther, und auf Wiederhören." Gut gemacht, werden Sie denken, oder?

Eine halbe Stunde später rief die Konkurrenz an. Richard Brock von der Telefongesellschaft Sprint. Ein Mann, keine so sexy Telefonstimme wie Nancy – jedenfalls für einen Mann. Richard führte das Telefongespräch in der gleichen professionellen Art. Freundlich, höflich und mit Lust am Telefonieren. Er machte auch eine saubere Bedarfsanalyse und faßte das Ergebnis des Gesprächs ebenso zusammen wie Nancy von AT & T. Doch dann:

„Mr. Walther, wenn ich Sie richtig verstanden haben ziehen Sie in drei Tagen bereits nach Seattle um?"
„Ja."
„Dann wäre es für Sie doch wichtig, wenn Sie schnellstens in Ihrem neuen Heim über Telefon und Telefax verfügen könnten?"
„Ja."
„Mr. Walther, ich schlage Ihnen vor, daß ich Ihnen jetzt sofort das Antragsformular rüberfaxe. Wir können dann in fünf Minuten alles telefonisch besprechen. Wenn Sie dann das Formular unterschreiben und zurückfaxen, sorge ich persönlich dafür, daß Sie in drei Tagen in Seattle Telefon und Telefax haben."

Was denken Sie, liebe Leser, wer erhielt den Auftrag?

☎ **Die Kombination von Telefon und Telefax systematisch eingesetzt, ist wirklich faszinierend.**

Viele Unternehmen ersetzten die Antwortkarte oder den Coupon durch das Faxformular. Einer der Pioniere dieses Systems war in Deutschland die schon erwähnte Dell Computer. Auf ganzseitigen Faxformularen in Computerfachzeitschriften konnten Interessenten ankreuzen, wie die gewünschte PC-Konfiguration aussehen sollte. Die Überschrift des Formulars: „Ihr Angebot in zwei Stunden". Wie bequem für den Interessenten!

1. Formular ausfüllen
2. Formular heraustrennen
3. Und ab geht das Fax

Bei Dell gibt die Telefonverkäuferin die angekreuzten Komponenten in ihren Computer ein. Dieser setzt aus Textbausteinen sofort das gewünschte Angebot zusammen. Und sofort geht das Angebot per Fax an den Interessenten. Gleichzeitig hat der Telefonverkauf alle wichtigen Informationen im Vertriebscomputersystem zum telefonischen Nachfassen.

Oder nehmen wir einmal an, Sie interessieren einen Kunden in einem Telefongespräch, und dieser wünscht weitere Unterlagen. Sie können ihm jetzt Ihren Vierfarbprospekt schicken. Den hat er dann, wenn es gutgeht, übermorgen. Sicher ist auf jeden Fall, daß der Kunde sich an Ihr Telefongespräch von vor zwei Tagen, Ihre Argumente, Ihre Begeisterung, wenn überhaupt, nur noch vage erinnert. Wahrscheinlich landet der teure Prospekt, mit vielen anderen, die in der Tagespost sind, auf der linken oder rechten äußeren Ecke des Schreibtisches. Oder direkt im Papierkorb.

☎ **Unsere Kunden ersticken an einer täglichen Papierflut. Ihr Brief, Ihr Prospekt ist einer von vielen. Deshalb: Verkürzen Sie die Informationskette, und unterscheiden Sie sich in dieser Informationsflut. Und da gibt es nichts Besseres als das Telefax.**

Also, Sie haben den Kunden per Telefon interessiert. Da Sie eine Bedarfsanalyse gemacht haben, wissen Sie ganz genau, welche Punkte Ihres Angebots für den Kunden besonders wichtig sind. Und jetzt sagen Sie:

„Herr Dr. Schneider, vielen Dank für das Interesse. Ich faxe Ihnen jetzt sofort die gewünschten Unterlagen. Haben Sie ein eigenes Faxgerät in Ihrem Büro, oder geht es über die Zentrale?"

„Fein, die für Sie wichtigsten Punkte habe ich bereits angekreuzt. Soll ich Sie zu diesen Punkten heute nachmittag noch einmal anrufen, oder ist es Ihnen angenehmer morgen vormittag?“

Dr. Schneider hat den Inhalt des Telefongesprächs noch genau im Kopf, wenn er das Telefax erhält. Der nächste Schritt ist dann der zweite Anruf. Telefon in Kombination mit Telefax ermöglicht es uns, Informationsprozesse, und damit Verkaufsprozesse, erheblich zu beschleunigen. Für eine Kontaktkette wie Anruf, Unterlagen versenden, Anruf, brauchten wir früher eine knappe Woche, heute geht das in einer Stunde.

Erfahrungen haben gezeigt, daß der Kunde, wenn er wirklich Interesse an einem Angebot hat, schnell weitere Informationen haben will. Da verzichtet er auch gerne auf die farbige Broschüre. Ein Katalogblatt mit den wichtigsten Daten ist meistens besser – und billiger.

Ich empfehle Ihnen dringend, einmal zu überlegen, wo Sie mit Faxinformationen anstatt mit teuren Katalogen arbeiten können. Sie sparen viel Geld und bieten Ihrem Kunden oft einen schnelleren, besseren Service. Aber fragen Sie um Himmels willen nicht Ihre Werbeagentur, was besser ist, denn die lebt unter anderem vom Erstellen der teuren Prospekte. Fragen Sie statt dessen Ihre Kunden, was ihnen lieber ist. Das geht sehr schnell mit einer Befragung per Telefon.

Sieben Schritte vom ersten telefonischen Kundenkontakt bis zum Referenzkunden

Spielen Sie ein bißchen mit? Fein! Nehmen Sie jetzt einmal an, Sie wären verantwortlich für den Verkauf von Gabelstaplern. In Ihrem Verkaufsteam gibt es eine Mitarbeiterin, die telefonisch Termine vereinbart, die dann vom Außendienst wahrgenommen werden. Sie wollen neue Kunden gewinnen und haben die Aktion sehr gut vorbereitet. Zielgruppe sind Unternehmen, bei denen Sie vermuten, daß Gabelstapler des Mitbewerbers im Einsatz sind. Zunächst soll Frau Lydia Hausmann, die Mitarbeiterin, die die Termine vereinbart, telefonisch folgende Fragen abklären:

- ➪ Wer ist in dem Unternehmen verantwortlich für die Beschaffung von Gabelstaplern?
- ➪ Sind Gabelstapler des Mitbewerbers im Einsatz und wenn ja, welche? Wie sind diese technisch ausgestattet, und wie lange sind diese Geräte bereits im Einsatz?

Termine sollen nur dann vereinbart werden, wenn tatsächlich mit dem Verantwortlichen persönlich gesprochen wurde, wenn eine Neuanschaffung innerhalb des nächsten Jahres geplant ist oder wenn sich Mitbewerbermodelle im Einsatz befinden, die älter als acht Jahre sind. Denn dann lohnt sich auch die Kontaktaufnahme, da man davon ausgehen kann, daß das ältere Gerät irgendwann in der nächsten Zeit ausgetauscht wird.

Ich habe jetzt einfach einmal ein Originaltelefongespräch, wie es tatsächlich geführt wurde, wortwörtlich aufgeschrieben – mit allen „Ahs“ und „Mhms“. Beachten Sie dabei, daß Sprechtext nicht gleich Schreibtext ist. Das ist auch später wichtig, wenn wir über das Texten von Telefonskripten sprechen.

Der erste Anruf

Ziel: Bedarfsanalyse und Termin mit Entscheider

Lydia Hausmann:	Ja, guten Tag, mein Name ist Hausmann von der Firma Gabel Fördertechnik in Aschaffenburg. Mit wem spreche ich jetzt, bitte?
Sekretärin:	Mit der Lackfabrik Roth.
Lydia Hausmann:	Ja, wer ist denn in Ihrem Hause für die Betriebsleitung zuständig?
Sekretärin:	Für die Betriebsleitung?
Lydia Hausmann:	Ja.
Sekretärin:	Ja, das macht der Herr Becker selbst.
Lydia Hausmann:	Herr Becker selbst. Sind Sie denn da so nett und verbinden mich?
Sekretärin:	Ja, wie heißt Ihre Firma?
Lydia Hausmann:	Gabel Fördertechnik in Aschaffenburg.
Sekretärin:	Kleinen Moment mal ...
Lydia Hausmann:	Danke.
Herr Becker:	(*sehr selbstbewußt*) Becker.
Lydia Hausmann:	Guten Tag, Herr Becker, mein Name ist Hausmann, Lydia Hausmann von der Firma Gabel Fördertechnik in Aschaffenburg.
Herr Becker:	(*sehr selbstbewußt*) Ja, Frau Hausmann, was kann ich für Sie tun?
Lydia Hausmann:	Herr Becker, Sie sind ja der Inhaber des Unternehmens. (*Pause*)
Herr Becker:	(*selbstbewußt*) So ist es.
Lydia Hausmann:	Und somit sicher auch zuständig, wenn es um den Einsatz und Einkauf von Gabelstaplern geht?
Herr Becker:	(*selbstbewußt*) So ist es, ja.
Lydia Hausmann:	Fein. Herr Becker, dann ist Ihnen möglicherweise bereits die Firma Gabel Fördertechnik bekannt als Linde Vertragshändler? (*Pause*)
Herr Becker:	Richtig, ja.
Lydia Hausmann:	Und wir möchten Ihnen gerne einmal die neuen Gabelstapler der Firma Linde vorstellen.
Herr Becker:	(*unterbricht*) Ja. Sie wissen, daß wir praktisch nur explosionsgeschützte Gabelstapler einsetzen?

Lydia Hausmann:	Das ist mir nicht bekannt.
Herr Becker:	Nicht bekannt. Wir sind 'ne Lackfabrik, und äh, wenn wir also innerhalb unserer Hallen, wo produziert wird …
Lydia Hausmann:	Mhm …
Herr Becker:	… gefahren wird, dann muß der also explosionsgeschützt sein.
Lydia Hausmann:	Ah ja …
Herr Becker:	Und davon haben wir zwei Stück und im Moment keinen Bedarf.
Lydia Hausmann:	Darf ich denn mal fragen, für welches Fabrikat Sie sich da entschieden haben?
Herr Becker:	Das sind Clark.
Lydia Hausmann:	Das sind aber dann Elektrostapler?
Herr Becker:	Nein, das sind Motor- … äh … explosionsgeschützte … äh … Stapler.
Lydia Hausmann:	Ja – wie hoch ist denn da die Tragkraft der Stapler, Herr Becker?
Herr Becker:	1,2 Tonnen.
Lydia Hausmann:	1,2 Tonnen?
Herr Becker:	Ja.
Lydia Hausmann:	Und wie lange haben Sie die jetzt schon ungefähr im Einsatz?
Herr Becker:	Ja, der eine ist also schon zwölf Jahre im Einsatz und der andere sieben Jahre.
Lydia Hausmann:	Mhm, Herr Becker, wir möchten ja kein schnelles Geschäft mit Ihnen abschließen …
Herr Becker:	Ja …
Lydia Hausmann:	… sondern langfristig zusammenarbeiten …
Herr Becker:	Ja.
Lydia Hausmann:	Und dazu würde Sie gerne unser Berater Herr Seite besuchen, um ein kurzes Gespräch mit Ihnen …
Herr Becker:	(*unterbricht*) Ja, aber das ist also im Moment nicht erforderlich. Die Arbeit kann er sich sparen und auch den Zeitaufwand …
Lydia Hausmann:	Mhm …
Herr Becker:	Denn, äh, wir werden also, hier haben wir gerade in Waldorf haben wir also 'ne Zweigniederlassung, und die betreut unsere Geräte und wartet die auch, und da wird sich also wahrscheinlich gar nichts ereignen.

Lydia Hausmann:	Ja, Herr Becker, aber da sie ja momentan gerade nur Clark-Stapler im Einsatz haben …
Herr Becker:	Ja …
Lydia Hausmann:	… ist es vielleicht für Sie doch interessant, einmal die neuen Erkenntnisse im Bereich Gabelstapler zu sehen, die die Firma Linde entwickelt hat?
Herr Becker:	Ja, das kann sein, aber da muß er explosionsgeschützt sein, und wie gesagt, also im Moment habe ich also nicht die Absicht, irgend 'nen Gabelstapler zu kaufen.
Lydia Hausmann:	Ja, Herr Becker, würde es Ihnen denn passen, wenn unsere Berater Sie am 14.01. um 14 Uhr besucht oder lieber am 17.11. um 11 Uhr?
Herr Becker:	Ja, jetzt bin ich also an einem Platz, wo ich nicht meinen Terminkalender hab', Moment mal bitte, ja? *(geht in Nebenraum)*
Lydia Hausmann:	Ja.
Herr Becker:	Augenblick – hören Sie?
Lydia Hausmann:	Ja.
Herr Becker:	Am 14., das ist ein Montag, ja?
Lydia Hausmann:	Das …
Herr Becker:	Da habe ich also bereits schon 'nen Termin. Der 17. wäre frei, das ist also gleich nach dem Feiertag, ne?
Lydia Hausmann:	Richtig. Würde es Ihnen denn da um 11 Uhr schon passen?
Herr Becker:	11 Uhr paßt mir, ja.
Lydia Hausmann:	Ja.
Herr Becker:	Ja?
Lydia Hausmann:	Herr Becker, dann halten wir den Termin nochmal fest:
Herr Becker:	Ist recht.
Lydia Hausmann:	Am 17.11.
Herr Becker:	Ja.
Lydia Hausmann:	Um 11 Uhr, und zu Ihnen …
Herr Becker:	Wie heißt der Mann?
Lydia Hausmann:	… kommt Herr Seite.
Herr Becker:	Ja.
Lydia Hausmann:	Ich bedanke mich bei Ihnen.
Herr Becker:	Danke auch.
Lydia Hausmann:	Auf Wiederhören!
Herr Becker:	Auf Wiederhören!

Warum ich das Gespräch so ausführlich, mit allen Einzelheiten für Sie niedergeschrieben habe? Nun, wir kommen später noch oft darauf zurück, wenn wir über Telefonskript und Abschlußtechnik sprechen. Zunächst hat Lydia Hausmann ihr Ziel erreicht.

Der 1. Schritt zum Referenzkunden

Der Termin mit dem Inhaber eines Unternehmens, das einen zwölf Jahre alten Gabelstapler der Konkurrenz im Einsatz hat. Und das war eine der Vorgaben. Aber auch der nächste Schritt ist bereits getan.

Der 2. Schritt zum Referenzkunden

Das „Ja" des Kunden für den Termin mit dem Außendienstmitarbeiter. Nicht ein „gedrückter" Termin um jeden Preis ist entscheidend, sondern ein durchaus erkämpfter Termin (Verkaufen beginnt schließlich, wenn der Kunde „nein" sagt, alles andere ist nur verteilen) mit einem in irgendeiner Form vorhanden Bedarf des Kunden. Und wenn dann der Kunde auch noch seinen Terminkalender holt und den Namen notiert, prima!

Der 3. Schritt zum Referenzkunden

Der erste persönliche Kontakt durch den Verkäufer. Was nützt das beste Telefongespräch, was nützt der gute, professionelle Eindruck, den die Telefonverkäuferin Lydia Hausmann auf Herrn Becker macht, wenn jetzt ein schlechter Verkäufer den Termin wahrnimmt? Wir sind uns einig, daß der Erfolg nur dann eintritt, wenn das System auch in dieser Hinsicht stimmt. Nehmen wir einmal an, nach dem professionellen Telefongespräch erfolgt das professionelle Verkaufsgespräch vor Ort mit dem Ergebnis: Vorführung der neuen Linde Gabelstapler im Hause der Firma Gabel.

Der 4. Schritt zum Referenzkunden

Die schriftliche Terminbestätigung mit Anfahrtsplan und telefonischem Nachfassen durch Lydia Hausmann.

Der 5. Schritt zum Referenzkunden

Die perfekte Vorführung der Linde Gabelstapler im Hause Gabel Fördertechnik.

Der 6. Schritt zum Referenzkunden

Das „Ja" von Herrn Becker zum Auftrag.

Der 7. Schritt zum Referenzkunden

Die korrekte Abwicklung des Auftrags und die telefonische Nachbetreuung. In jedem Unternehmen gibt es selbstverständlich andere Mechanismen, andere Systeme, um vom Erstkontakt zum Referenzkunden zu kommen. Eines ist jedoch überall gleich: dies funktioniert nur in kleinen Schritten. Und immer wieder kommt es auf die richtige Kombination zwischen persönlichem Besuch, Telefonkontakt und Brief an.

Auf jeden Fall daran denken, wenn Sie das erste Mal einen Kunden anrufen, dann sollte Ihr Ziel nicht nur der Termin sein. Vielmehr sollten Sie sich mental unbedingt darauf einstellen: Dies soll ein Referenzkunde von mir werden, und dafür werde ich alles tun.

☎ **Und „vergessen" Sie Ihren neugewonnenen Kunden nach dem ersten Auftrag oder der Auslieferung der Ware nicht! Gerade für die Kundenbetreuung eignet sich das Telefon besonders – und wird viel zuwenig genutzt. Und der Kunde, der gerade seinen Lieferanten gewechselt hat, braucht für sich die Bestätigung, daß er die richtige Entscheidung getroffen hat. Pflegen Sie also Ihre Kunden nach dem Auftrag.**

Eine Frage an das Publikum, die ich bei meinen Vorträgen nie vergesse, lautet: „Wer von Ihnen hat ein Bankkonto?“ Natürlich gehen alle Arme hoch. Nächste Frage: „Wer von Ihnen wurde von seiner Bank schon einmal angerufen, und man hat sich dafür bedankt, daß Sie so lange Kunde sind?“ Alle Hände runter!

Warum wollen alle nur, daß wir Kunde werden, und keiner sagt „danke“ dafür?

Viele Unternehmen geben eine Menge Geld aus, um neue Kunden zu gewinnen. Und dann vergessen sie sie. Ich will jetzt bei Ihnen, lieber Leser, keine Panik verbreiten – aber vielleicht verhandelt jetzt gerade in diesem Augenblick ein Wettbewerber mit einem Ihrer langjährigen Kunden. Nur weil Sie vergessen haben, ihm zu sagen, wie wichtig er für Sie ist und wie froh Sie sind, daß er Ihr Kunde ist. Rufen Sie doch mal an! Beispielsweise alle Ihre „Schlummerkunden“, bei mir hießen die früher „Karteileichen“. Sie werden sich wundern, wie erfolgreich eine solche Telefonaktion ist.

☎ **Fazit: Wenn Sie die sieben Schritte zum Referenzkunden konsequent und professionell durchführen, werden Sie Erfolg haben. Wenn Sie in der Sieben-Schritte-Kette schwache Glieder feststellen, tauschen Sie sie aus. Und investieren Sie in die Kundenbetreuung per Telefon. Machen Sie aus Ihren Kunden Könige, machen Sie aus zufriedenen Kunden begeisterte Kunden.**

Ach ja, fast hätte ich es vergessen: Der erste Eindruck entsteht auch, wenn ein Interessent bei Ihnen anruft. Ist in Ihrem Unternehmen alles auf eingehende Anrufe vorbereitet? Wie melden sich die Mitarbeiter der Telefonzentrale oder Ihre Kollegen, wenn direkt durchgewählt wird?

Rufen Sie doch einmal in Ihrem Unternehmen an. Würden Sie sich als König Kunde fühlen?

PERSÖNLICHE NOTIZEN

*„Wer fragt, ist ein Narr für fünf Minuten.
Wer nicht fragt, bleibt ein Narr für immer.“*
Chinesische Redensart

6. Der Telefonprofi und die Mitarbeiter der Telefonzentrale

Über die Wichtigkeit der Mitarbeiter der Telefonzentrale in Ihrem Unternehmen haben wir ja bereits gesprochen. Sie haben die meisten Kundenkontakte, deshalb kann die Devise nur sein: die besten Telefonkommunikatoren an die Zentrale.

Aber auch umgekehrt wird ein Schuh daraus. Gerade wenn Sie anrufen, um neue Kunden zu gewinnen oder neue Geschäftsfelder bei Bestandskunden zu erschließen – da können Ihnen die Mitarbeiter dieser Telefonzentrale des Kunden von großem Nutzen sein.

So schaffen Sie sich Freunde in der Telefonzentrale

Die Telefonzentrale ist die am meisten unterschätzte Abteilung fast jeder Firma. Ich weiß, in Ihrer eigenen Telefonzentrale wird sich ab sofort alles ändern, aber denken wir doch einmal gemeinsam darüber nach, wie dieser Arbeitsplatz aussieht.

Da kommen Anrufe herein, die Mitarbeiter der Zentrale melden sich mehr oder weniger freundlich, der Anrufer läßt sich weiterverbinden oder fragt nach der Zuständigkeit – das war's. Mittlerweile blinken weitere Lämpchen und zeigen weitere eingehende Anrufe an. Melden, weiterverbinden, melden, weiterverbinden, melden, weiterverbinden.

Vielleicht wird noch ein Anruf an die Telefonzentrale zurückvermittelt, weil die gewünschte Person nicht an ihrem Arbeitsplatz war oder nach dem 14. Durchklingeln immer noch nicht abgehoben hat. Nicht zu vergessen die Anrufe, die nach dem „Buchbinder-Wanninger-Prinzip“ zigmal weiterverbunden wurden und dann wieder bei der Zentrale landen. Den Ärger des Anrufers, der sein Ziel nicht erreicht hat, spüren dann die Mitarbeiter der Telefonzentrale.

Seien wir mal ehrlich, hier kommen zwar die meisten Anrufe an, aber eine echte Kommunikation entsteht nicht.

☎ **Dies ist die Chance des Telefonprofis. Es geht ganz einfach, kommunizieren Sie mit den Mitarbeitern, die in der Telefonzentrale arbeiten. Benutzen Sie sie nicht nur, um sich verbinden zu lassen oder um Ihren vielleicht berechtigten Ärger loszuwerden. Reden Sie mit den Mitarbeitern.**

„Guten Tag, mein Name ist Günter Greff. Ich werde Sie gleich bitten, mich mit Ihrem Marketingchef zu verbinden. Aber vielleicht können Sie mir vorher helfen. Wenn Anrufe eingehen, drücken Sie ruhig die Wartetaste, ich habe Zeit …“

Der Hinweis auf den „Warteknopf“ ist jetzt wichtig, denn nichts macht die Dame an der Telefonzentrale nervöser, als wenn Sie sie jetzt in ein Gespräch verwickeln, die Anrufer in der Warteschlange hängen und die Lämpchen blinken und blinken.

Dann weiter: „Sagen Sie mir bitte Ihren Namen, damit ich Sie ansprechen kann?“ (Namen sofort notieren, er gehört auch in die Kundenkartei.) „Frau Sonntag, wie gesagt, ich würde gerne mit dem Marketingchef Ihrer Firma sprechen. Wie ist noch der Name seiner Sekretärin?“

Vielfach reicht es schon, die Damen und Herren in der Zentrale nicht in einem Befehlston anzublaffen („Verbinden Sie mich mal mit …“). Gerade hier, wie in jeder Kommunikation, gelten die Regeln der Höflichkeit, und die sind ganz einfach:

- ➪ Sprechen Sie in ganzen Sätzen.
- ➪ Vergessen Sie die Wörter „Bitte“ und „Danke“ nicht.
- ➪ Und immer daran denken: Der Ton macht die Musik.

Da, aus welchen Gründen auch immer, die Mitarbeiter der Telefonzentrale oft diese Grundregeln der Kommunikation vom Anrufer nicht gewöhnt sind, haben Sie die große Chance, sich wohltuend von den meisten anderen Anrufern abzuheben und die Mitarbeiter der Telefonzentrale als Freunde zu gewinnen. Und das ist für Ihren weiteren Erfolg sehr nützlich.

Nutzen Sie das Wissen der Mitarbeiter der Telefonzentrale als Informationsquelle

☎ **Kurz gesagt, die Damen und Herren, die in der Telefonzentrale arbeiten, gehören mit zu den bestinformierten des gesamten Unternehmens. Deshalb empfiehlt es sich auch als Firmenchef, die Mitarbeiter der eigenen Telefonzentrale hin und wieder zu Rate zu ziehen und ihre Meinung zu erfragen. Zum Beispiel zum Thema Kundenzufriedenheit, denn wer hört als erster die Reklamationen?**

Welchen Nutzen bietet mir dieses Wissen als Anrufer?

Nun, beispielsweise um Namen von Entscheidern und auch ihren Vorzimmerdamen zu erfragen, um Zuständigkeiten und Verantwortlichkeiten abzuklären.

Die Damen und Herren in der Telefonzentrale wissen oft auch, welcher Manager Frühaufsteher ist und wer spät abends noch im Büro anzutreffen ist. Wenn Sie dann noch die Durchwahlnummer erfragt haben, können Sie Ihre Anrufzeit danach einrichten. Und haben vielleicht die Chance, Ihren gewünschten Gesprächspartner zu erreichen, wenn:

- ➪ die Sekretärin noch nicht oder nicht mehr da ist und
- ➪ der Gesprächspartner noch nicht oder nicht mehr im Tagesstreß ist und mehr Zeit und Lust hat, sich mit Ihnen am Telefon zu unterhalten.

Wenn Ihnen die Mitarbeiter geholfen haben, Informationen gegeben haben, ist das mindeste, aber das wissen Sie selbst, sich zu bedanken. Noch besser in Erinnerung bleiben Sie durch ein kleines Geschenk, einen kleinen Blumenstrauß, ein Büchlein zum Thema „Telefonieren".

☎ **Und vergessen Sie nicht, die Namen in Ihrer Kartei oder Ihrem PC festzuhalten. Auch bei Großkonzernen, die viele Mitarbeiter in der Telefonzentrale beschäftigen, ist es ein Vorteil für Sie, wenn Sie fragen können: „Guten Morgen, Frau Merkel, das letzte Mal habe ich mit Frau Sonntag gesprochen. Wie geht es ihr?" Kommunikation auf allen Ebenen ist der Schlüssel zum Erfolg.**

PERSÖNLICHE NOTIZEN

„Wenn die Sekretärinnen herumgammeln
und kein Interesse mehr zeigen,
weiß man, daß diese Firma verlottert ist."

Lee Iacocca (* 1924),
amerikanischer Automobilmanager

7. Der Telefonprofi und die Sekretärin

Sie haben doch keine Angst vor der „Worum-geht-es-denn?"-Frage

Vielen Verkäufern rutscht das Herz in die Hose, wenn die Sekretärin diese, in vielen Telefongesprächen entscheidende Frage stellt. Dabei wird diese Frage nicht nur gefürchtet, nein, sie wird schon erwartet, sie muß einfach kommen.

Und wenn sie dann da ist, dann klingt die Stimme manch forschen Verkäufers plötzlich müde und traurig. Und da der Klang der Stimme natürlich am Telefon mit zum Wichtigsten gehört, um Erfolg zu haben, ist jetzt der Mißerfolg schon vorprogrammiert.

Dabei tut die Sekretärin nur ihren Job. Es ist ihre Aufgabe, ihren Chef vor uninteressanten Angeboten zu schützen und nur die wichtigen Anrufe weiterzuleiten. Und deshalb muß sie, insbesondere bei Erstanrufen, Fragen stellen wie zum Beispiel:

- ⇨ „Worum geht es denn?"
- ⇨ „Warum möchten Sie mit Herrn Dr. Schneider sprechen?"
- ⇨ „Um was handelt es sich denn?"

Jetzt kommt es natürlich darauf an, was Sie zu sagen haben. Das sollten Sie sich unbedingt vorher überlegen und am besten aufgeschrieben haben, beispielsweise in Ihrem Telefonskript, auf das wir im übernächsten Kapitel zu sprechen kommen.

Viel wird aber jetzt auch davon abhängen, wie ruhig und selbstbewußt Sie weitersprechen. Und dann erst, welche Formulierung Sie wählen.

Wenn Sie in der Telefonzentrale bereits den Namen der Sekretärin erfragt haben, haben Sie schon einen Pluspunkt.

„Guten Morgen, Frau Sommer. Mein Name ist Günter Greff von der Prisma, Unternehmensberatung für Telefonkommunikation. Frau Sommer, bitte sind Sie doch so nett, und verbinden Sie mich mit Herrn Dr. Schneider."

Was geht in einer Sekretärin vor, die höflich und bestimmt mit Namen angesprochen wird, von einer Person, die sie offensichtlich nicht kennt? Kenne ich die Person? Habe ich etwas vergessen? Ist es ein Bekannter meines Chefs? – Solche oder ähnliche Gedanken werden in ihrem Kopf herumgehen. Zumindest wird sie respektvoll und vorsichtiger und wahrscheinlich auch nicht mehr so „abweisend" die „Worum-geht-es-denn?"-Frage stellen.

Welche Formulierung Sie dann wählen, hängt natürlich von Ihrem Angebot ab. Entscheidend ist, daß Sie den Grund, weshalb Sie mit Herrn Dr. Schneider sprechen möchten, kompetent, interessant und wichtig machen. Und Sie sollten natürlich auch ein wirklich interessantes Angebot für Herrn Dr. Schneider und sein Unternehmen haben und nicht schwindeln.

Sonst ist alles erlaubt, um ins Geschäft zu kommen. Hier ein Beispiel aus der EDV-Branche:

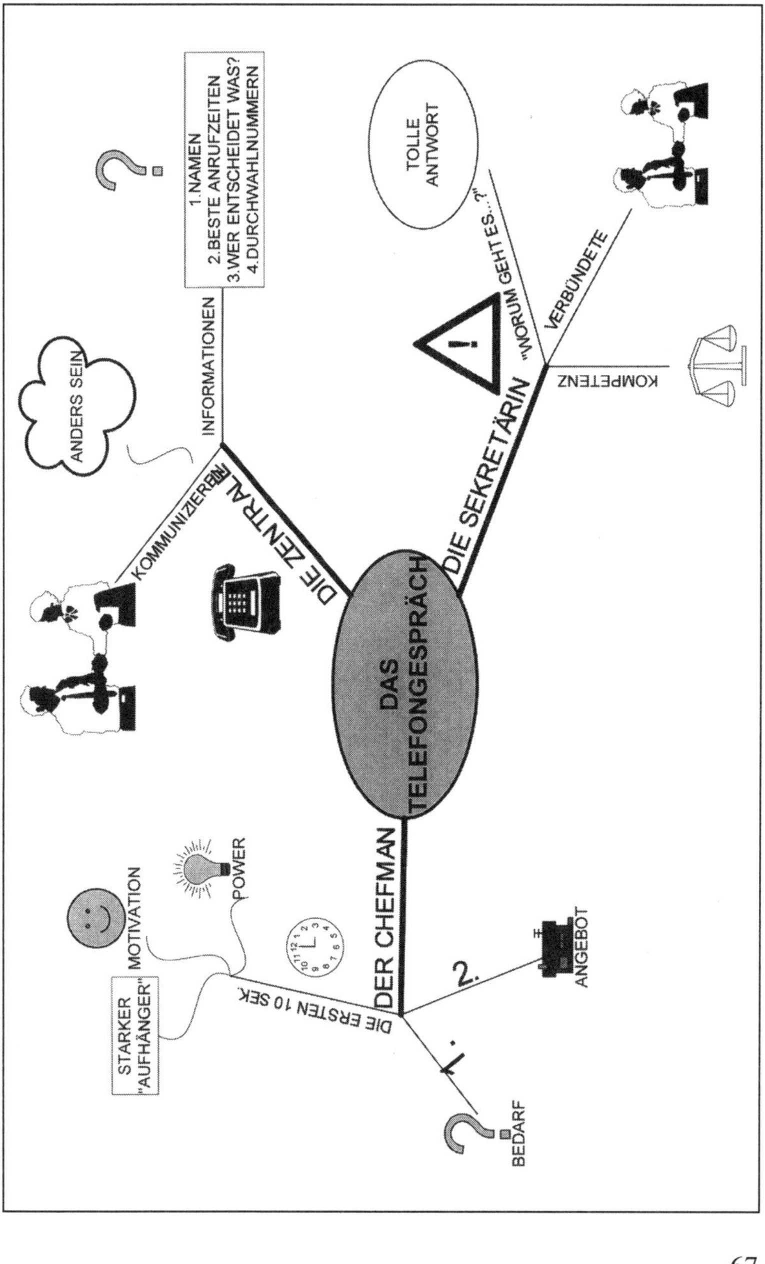
DAS TELEFONGESPRÄCH
DIE ZENTRALE
KOMMUNIZIEREN
ANDERS SEIN
INFORMATIONEN
1.NAMEN
2.BESTE ANRUFZEITEN
3.WER ENTSCHEIDET WAS?
4.DURCHWAHLNUMMERN
DIE SEKRETÄRIN
"WORUM GEHT ES...?"
TOLLE ANTWORT
VERBÜNDETE
KOMPETENZ
DER CHEFMAN
DIE ERSTEN 10 SEK.
STARKER "AUFHÄNGER"
MOTIVATION
POWER
1.
BEDARF
2.
ANGEBOT

Fall 1

Die Sekretärin fragt: „Worum geht es denn?“

Der Verkäufer antwortet: „Es geht um ein neues Computersystem unseres Hauses.“

Fall 2

Die Sekretärin fragt: „Worum geht es denn?“

Der Verkäufer antwortet: „Das sage ich Ihnen gerne, Frau Sommer. Es geht um mögliche Vorteile für Ihr Unternehmen durch neue Kommunikationstechnologien.“

Wenn Sie jetzt entscheiden müßten, welcher Verkäufer hätte die besten Chancen, weiterverbunden zu werden?

So gewinnen Sie die Sekretärin Ihres Kunden als Verbündete

Wie wichtig der Name der Sekretärin ist, darüber sind wir uns sicher einig. Wenn es möglich ist, sollten Sie auch noch den Vornamen notieren und in Ihre Kartei aufnehmen. Es macht Sie noch sympathischer, wenn im Adreßfeld eines Anschreibens an die Sekretärin Vor- und Zuname erscheint oder wenn Sie der Sekretärin für ihre Hilfe bei der Terminabstimmung mit ihrem Chef ein kleines „Dankeschön“ zusenden, und auf der Grußkarte steht „z. H. Frau Renate Sommer“.

☎ **„Kleine Geschenke erhalten die Freundschaft“, sagt man. Aber bitte nicht anbiedern oder gar so auffahren, daß es nach Bestechung aussieht. Dann erreichen Sie genau das Gegenteil.**

Es gibt heute eine Reihe netter Kleinigkeiten, zum Beispiel ein Büchlein mit witzigen Tips zu Beruf und Hobby für ein paar Mark.

Mit ein bißchen Fingerspitzengefühl erfahren Sie sicher in den Telefongesprächen, was ankommt und was nicht.

Gerade wenn Ihre Zielgruppe Manager sind, haben Sie es oft schwer, diese bei Ihrem ersten Anruf am Arbeitsplatz zu erreichen. Um so wichtiger ist es, daß es gelingt, die Sekretärin als Verbündete zu gewinnen. Das gelingt auch, wenn Sie ihr zeigen, daß Sie verstehen, wie schwierig und bedeutend der Beruf der Sekretärin ist. Beispielsweise durch Formulierungen wie:

„Ja, Frau Sommer, es wird immer schwieriger Sie zu erreichen. Was würden Sie vorschlagen, damit wir den Termin verabreden können?“

Oder:

„Frau Sommer, ich brauche da tatsächlich Ihre Hilfe, sonst klappt das nie mit dem Termin. Was schlagen Sie vor, wie wir das gemeinsam schaffen könnten?“

☎ **Stellen Sie die Sekretärin mit einer „Was-schlagen-Sie-vor?“-Formulierung in den Mittelpunkt, und bitten Sie sie um ihre Unterstützung. Dann leiten Sie über in die „Wir“-Formulierung, die Gemeinsamkeit signalisiert.**

So machen Sie die Sekretärin Ihres Kunden zu Ihrer Assistentin

Noch stärker wird die partnerschaftliche Bindung mit der Sekretärin Ihres Kunden, wenn Sie sie zur Ihrer Assistentin machen. Dies geschieht dadurch, daß Sie sie irgendeine kleine Arbeit für sich durchführen lassen. Oft passiert das automatisch während des Telefonats, beispielsweise wenn die Sekretärin im Terminkalender ihres Chefs nach freien Terminen Ausschau hält oder sogar einen Termin notiert. Sie können diese Taktik als Anrufer auch gezielt einsetzen.

Hier einige Beispiele:

Führen des Terminkalenders

Sagen Sie: „Frau Sommer, Sie haben doch sicher den Terminkalender von Herrn Dr. Schneider zur Verfügung. Lassen Sie uns doch einmal gemeinsam nachsehen, welche Termine möglich sind. Also bei mir ginge der Freitagvormittag, so gegen 9 Uhr 30, oder nächste Woche Donnerstag. Da wäre der gesamte Nachmittag möglich. Wie sieht es bei Ihnen aus?"

In diesem Augenblick arbeitet die Sekretärin Ihres Kunden zwar als Sekretärin ihres Chefs, aber gleichzeitig auch als Ihre Assistentin, denn sie stimmt mit Ihnen ihre Termine ab. Formulierungen wie: „Wie sieht es bei Ihnen aus?" werten die Sekretärin auf. Sie fühlt, daß Sie ihre Entscheidungskompetenz anerkennen. Die Formulierung: „Wie sieht es bei Ihnen aus?" hat viel mehr Power als etwa: „Wie sieht der Terminkalender von Herrn Dr. Schneider aus?" Oder: „Wie sieht es im Terminkalender Ihres Chefs aus?"

Notizen anfertigen lassen

Stellen Sie sich folgenden Dialog vor:

Die Sekretärin:	„Das tut mir leid, Herr Greff, Herr Dr. Schneider ist im Augenblick nicht an seinem Arbeitsplatz. Kann ich etwas für Sie tun?"
Günter Greff:	„Gerne Frau Sommer, wann denken Sie, ist Herr Dr. Schneider am günstigsten telefonisch erreichbar?"
Die Sekretärin:	„Sie können es ja heute nachmittag so gegen 16 Uhr 30 oder 17 Uhr noch einmal versuchen."
Günter Greff:	„Das mache ich gerne. Sind Sie doch so nett, Frau Sommer, und legen Herrn Dr. Schneider einen Zettel auf den Schreibtisch. Mein Name ist Günter Greff. Es geht um das Thema ‚Integrierte Vertriebsysteme' und den Vorteil, den Ihr Unternehmen dadurch erzielen kann."

Was geschieht? Die Sekretärin Ihres Kunden wird zu Ihrer Assistentin. Sie fertigt für Sie eine Notiz, schreibt sie womöglich sogar mit der Schreibmaschine. Sie steht auf, und legt diese Notiz auf den Schreibtisch ihres Chefs. Dabei hat sie Ihren Namen aufgeschrieben (und behält ihn mit Sicherheit bis zum nächsten Telefonat) und den Anlaß Ihres Anrufes. Aber auch Herr Dr. Schneider weiß Bescheid, wenn Sie anrufen. Und er sieht Ihren Namen geschrieben vor sich. Und wie gut tut es doch, in einem ersten Telefongespräch mit Namen angesprochen zu werden!

Dies sind zwei Beispiele, die zeigen, wie Sie die Sekretärin für sich, den Anrufer, etwas ausführen lassen können. Dadurch identifiziert sie sich eher mit Ihrem Anliegen und behält den Vorgang intensiver in Erinnerung. Auch hier gilt wieder: Unterscheiden Sie sich von anderen genau wie bei der täglichen Papierflut von Werbebriefen usw. Sie erinnern sich doch?

So kommen Sie zum Entscheider durch

Wenn Ihr Angebot stimmt, wenn Sie sich richtig vorbereitet haben, wenn Sie mit Lust telefonieren, dann sollten Sie auch zum Entscheider, wir nennen ihn ab dem nächsten Kapitel ChefMAN, durchgestellt werden. Dennoch gilt es, kompetentes Telefonieren mit geschickten, kundenorientierten Formulierungen zu würzen. Aber immer daran denken: die Ehrlichkeit hat Vorfahrt. Und wenn Sie auf die Frage der Sekretärin „Worum geht es?" „Es ist privat", antworten, dann muß es auch privat sein und kein fauler Trick. Alle Gründe, die Sie der Sekretärin nennen, warum Sie ihren Chef sprechen wollen, müssen stimmen und dürfen nicht geschwindelt sein.

Das machen Sie nämlich im Geschäftsleben mit einer guten Sekretärin nur ein einziges Mal. Dann: Ade, Sekretärin als Verbündete. Ade, Referenzkunde!

Hier zehn Antworten auf die „Worum-geht-es-denn?"-Frage:

1. Gerne, Frau Sommer, es geht um mögliche Vorteile für Ihr Unternehmen durch ...
2. Ich rufe auf Empfehlung von Herrn Dr. Evers an. Er ist Ihnen sicher auch bekannt? Es geht um ...
3. Ich habe gerade im „Handelsblatt" über Ihr Unternehmen gelesen. Für Ihre Auslandspläne habe ich möglicherweise interessante Vorschläge für Herrn Dr. Schneider ...
4. Wie ist bitte Ihr Name? Frau Sommer, erst einmal mein Kompliment. Sie behüten Ihren Chef ausgezeichnet vor möglicherweise lästigen Anrufen. Es geht um Vorteile für Ihre Firma zum Thema „Integrierte Vertriebssysteme". Frau Sommer, für eine erste Information brauche ich nur vier Minuten. Ist es jetzt günstig, oder soll ich lieber heute nachmittag wieder anrufen?
5. Frau Sommer, ich rufe aus Frankfurt an. Ich bin heute morgen an Ihrem Unternehmen vorbeigefahren und habe mir fest vorgenommen: Da rufst Du an, sobald Du im Büro bist. Gerade für Unternehmen Ihrer Branchen haben wir nämlich eine interessante Lösung im Bereich integrierter Vertriebssysteme. Darüber möchte ich kurz mit Herrn Dr. Schneider sprechen. Ist es jetzt günstig, oder was schlagen Sie vor?
6. Ich verstehe, daß Sie wissen möchten, was der Grund meines Anrufs ist, Frau Sommer. Es geht um eine Lösung für Ihr Marketing und Ihren Vertrieb, mit der Sie Vertriebskosten senken und gleichzeitig den Service für Ihre Kunden verbessern können. Darüber möchte ich gerne mit Herrn Dr. Schneider sprechen.
7. Ihrer Frage, Frau Sommer, entnehme ich, daß mein Anruf zur Zeit ungünstig ist. Was schlagen Sie vor?
8. Ich habe Herrn Dr. Schneider auf der letzten Veranstaltung im Marketingclub kurz gesprochen. Ich würde unser Thema gerne

weiterführen und möchte mit ihm einen gemeinsamen Termin abstimmen, Frau Sommer …

9. Die Presse hat ja in der letzten Zeit sehr viel über Ihr Unternehmen berichtet, Frau Sommer. So habe ich Ihre Firma ein wenig kennengelernt und glaube, daß wir möglicherweise ein interessantes Angebot für Ihr Unternehmen haben. Ob unser Angebot wirklich interessant ist, würde ich gerne mit Herrn Dr. Schneider kurz telefonisch abstimmen und dann gegebenenfalls einen ausführlichen Besprechungstermin vereinbaren.

10. Frau Sommer, ich habe da wirklich eine tolle Geschichte für Ihr Unternehmen. Es dauert weniger als zwei Minuten für Herrn Dr. Schneider zu entscheiden, ob die Sache interessant ist oder nicht. Bitte sind Sie so nett und verbinden mich.

Bei manchen Formulierungen mögen Sie die Nase rümpfen, andere gefallen Ihnen vielleicht, und Sie können sie so oder in abgeänderter Form einsetzen. Die Konjunktivform „möglicherweise“ sollte man im Verkauf vorsichtig einsetzen, wenn nicht überhaupt vermeiden. Hier hilft sie aber, sich elegant zurückzuziehen, wenn das Angebot – möglicherweise – doch nicht so interessant ist. Hauptsache, Sie werden weiterverbunden und können mit dem ChefMAN sprechen.

PERSÖNLICHE NOTIZEN

„Man kann tief unten gar nicht mit Argumenten überzeugen – nur mit der Übertragung von Sympathie."

Klaus Podack (* 1943), deutscher Journalist

8. Der ChefMAN

Was bedeutet ChefMAN?

Um es vorweg zu sagen, es hat nichts mit „Batman" zu tun. ChefMAN ist ein Kunstwort und besteht aus Chef und MAN. Den Chef kennen wir alle, MAN kommt aus dem amerikanischen Verkaufstraining und bedeutet:

M = Money
A = Authority
N = Need

In deutsch: Macht, Autorität, Nutzen oder Notwendigkeit.

In diesem Buch ist der ChefMAN ganz einfach der kompetente Entscheider für unser Angebot. Wohlgemerkt, der kompetente Entscheider. Nicht der Sachbearbeiter, der auch mit entscheidet aber immer wieder, wenn es um die Unterschrift geht, seinen Chef fragen muß. Sondern derjenige, der das Geld und die Kompetenz hat und den Nutzen für ein Angebot erkennen kann. Und „Ja, ich will den Termin" oder „Ja, ich will kaufen" sagen kann. Also der Herr Becker aus unserem Gabelstapler-Beispiel.

Die wichtigen ersten zehn Sekunden im Telefongespräch mit einem Neukunden

Ist es Ihnen nicht auch schon so gegangen, daß Sie einen Anruf von einer unbekannten Person erhielten, und Sie in den ersten Sekunden für sich entschieden, das interessiert mich?

Ihr Unterbewußtsein hat sich jetzt in erster Linie für die Person und in zweiter Linie für das Angebot entschieden.

Im persönlichen Verkaufsgespräch reagiert Ihr Gesprächspartner zu 55 Prozent auf Ihre Körpersprache, zu 38 Prozent auf die Art und Weise, wie gesprochen wird, und zu 7 Prozent auf das, was Sie sagen.

Beim Telefongespräch sieht das komplett anders aus. 88 Prozent beeinflussen Sie Ihren Gesprächspartner durch die Art, wie Sie sprechen, und 12 Prozent durch das, was Sie sagen.

Zusätzlich müssen Sie vor dem Telefongespräch folgende Punkte geklärt haben:

⇨ Warum soll der ChefMAN mir überhaupt zuhören?

⇨ Was habe ich für ihn?

⇨ Warum soll er/sie „ja“ sagen zu meinem Angebot?

Deshalb sofort, wenn der ChefMAN den Hörer abnimmt:

⇨ volle Motivation und Power in Ihre Stimme

⇨ einen starken „Aufhänger“ als Interessewecker in ein oder zwei kurzen Sätzen sprechen

⇨ Gesprächsbereitschaft feststellen

Das kann wie folgt klingen:

„Guten Morgen, Herr Dr. Schneider, mein Name ist Günter Greff von der Prisma, Unternehmensberatung für Telefonkommunikation. Ich habe möglicherweise eine interessante Information für Sie zum Thema ‚Vertriebseffizienz'. Haben Sie jetzt Zeit für ein kurzes Gespräch, oder soll ich Sie lieber heute nachmittag wieder anrufen?"

Der „Aufhänger" und die Frage nach der Gesprächsbereitschaft

Ich muß es noch einmal wiederholen. Das Wichtigste ist tatsächlich die Power Ihrer Stimme. Sie beeinflußt am meisten, ob der ChefMAN weiter interessiert ist. Und dann kommt der „Aufhänger". Danach soll der ChefMAN selbst die Entscheidung treffen: „Klingt interessant! Ja, ich höre mir das einmal an."

Höflich fragen Sie dann noch, ob er jetzt oder zu einem anderen Zeitpunkt mit Ihnen über das Thema sprechen möchte. Sie wissen ja nicht, in welcher Situation Sie den Ansprechpartner erwischen. Vielleicht hat er gerade etwas sehr Wichtiges zu erledigen. Dann ist für ihn der Anruf vielleicht eine Belästigung, und Ihnen hilft es auch nicht, wenn er Ihrem Angebot nur halb konzentriert zuhört.

Deshalb ist es für beide Seiten von Vorteil, die Gesprächsbereitschaft festzustellen und im Zweifelsfalle lieber einen neuen Termin zu vereinbaren. Auch sind im seriösen Geschäftsleben die Zeiten des Hochdruckverkaufs vorbei, wo der Verkäufer mit der Brechstange einen Termin erzwingen wollte.

Zehn Vorschläge für Ihren „Aufhänger":

1. Herr Dr. Schneider, ich habe in letzter Zeit viel über Ihr Unternehmen gelesen. Es gibt da eine interessante Lösung, wie Sie Vertriebskosten einsparen können ...
2. Herr Dr. Schneider, haben Sie jetzt einen Augenblick Zeit? Wie gefällt Ihnen die Idee, im nächsten Jahr Vertriebskosten zu sparen und gleichzeitig, ohne große Investition, den Service für Ihre Kunden zu verbessern?

3. Was halten Sie davon, wenn Sie durch Kostensenkung im Vertrieb fünf Prozent ihrer Händlermarge als Zusatzprofit verbuchen können?
4. Herr Dr. Schneider, Sie kennen sicher die Firma Lautenschläger? Das Unternehmen hat in etwa Ihre Struktur. Möchten Sie wissen, wie dort die Vertriebskosten innerhalb eines Jahres um 18 Prozent gesenkt wurden?
5. Herr Dr. Schneider, ich rufe auf Empfehlung von Herrn Peter Roth an. Wir haben in seiner Firma die Produktion um zwölf Prozent erhöht, ohne Kostenerhöhung. Herr Roth meinte, daß das auch für Sie sehr interessant wäre …
6. Wie wichtig, Herr Dr. Schneider, ist in der heutigen Zeit die Motivation Ihrer Vertriebsmitarbeiter? Darf ich Ihnen eine neue Methode zeigen, die in vielen Unternehmen Ihrer Art und Größe eingesetzt wird?
7. Herr Dr. Schneider, was halten Sie von einem Produkt, das jeder braucht, das es in dieser Form noch nicht gegeben hat und das jeder Ihrer Kunden im Supermarkt als Zugreifangebot gerne mitnimmt?
8. Haben Sie auch die letzte Ausgabe des „Manager Magazins" gelesen? Da war der Artikel von der Firma Stützel, die den Preis für den besten Kundenservice in ihrer Branche erhalten hat. Die Firma Stützel ist ein Beratungskunde von uns. Ich würde mich gerne einmal mit Ihnen über das Thema „Servicestrategien" unterhalten.
9. Herr Dr. Schneider, viele Unternehmen Ihrer Branche und Größe haben Zeit und Geld mit einem einfachen, aber einmaligen System gespart. Darüber würde ich gerne einmal mit Ihnen sprechen.
10. Herr Dr. Schneider, ganz kurz, es geht um neuen Medien im Vertrieb. Sie wissen, die Kosten steigen gerade in diesem

Bereich. Deshalb rufe ich an, um möglicherweise einen Besprechungstermin zu vereinbaren.

Hilfreich ist es für Sie, wenn Sie in Ihrem „Aufhänger" bereits mit Referenzen arbeiten können. Aber Vorsicht! Referenzen müssen vorsichtig und sorgfältig ausgewählt werden – sie müssen exakt passen.

Zwei Probleme können auftauchen:

➪ Die genannte Referenz ist ein direkter Mitbewerber. Dann können Neid- und Konkurrenzgefühle aufkommen. („Die arbeiten auch für die Konkurrenz.") Also besser vermeiden.

➪ Die als Referenz genannte Firma „paßt" nicht. Dies geschieht beispielsweise, wenn Sie einen Großkonzern mit einem mittleren Unternehmen in Verbindung bringen oder wenn das als Referenz genannte Unternehmens völlig anders strukturiert ist.

Wenn Sie Ihren Aufhänger gesprochen haben, ist es wichtig, daß der Kunde „ja" sagt zu Ihrem Angebot, ihn weiter zu informieren. Und wenn er auf die Frage: „Haben Sie jetzt Zeit für ein kurzes Telefongespräch?" auch ja sagt, dann haben Sie als Telefonprofi schon viel erreicht – zwei „Jas" des Kunden.

Viele Verkäufer machen jetzt den Fehler und erzählen oder erklären gar das Produkt, das sie anbieten möchten. Dabei wissen sie meist überhaupt nicht, ob der Kunde das Produkt überhaupt gebrauchen kann, wieviel er von dem Produkt gebrauchen kann usw.

Stellen Sie sich einmal vor, Sie hätten Magenschmerzen und gingen zum Arzt. Der begrüßt Sie freundlich und drückt Ihnen ein Medikament in die Hand, ohne Sie nach Ihren Beschwerden zu fragen und zu untersuchen. Was würden Sie von einem solchen Arzt halten?

☎ **Genau so ist es auch im Geschäftsleben. Gerade bei Neukunden ist es wichtig, erst einmal zu erfragen, was die Situation des Kunden ist, wo es „schmerzt".**

Erst die Diagnose, dann die Therapie – nutzen Sie die Power der Bedarfsanalyse

> Vor zwei Jahren benötigte unsere Firma zwei Großkopierer. Ich machte mir die „Freude“ und rief die in Frage kommenden Unternehmen, elf Stück an der Zahl, persönlich an und bat um Informationen. Das Ergebnis: eine Katastrophe! Zunächst einmal hatte ich bei keinem der Unternehmen das Gefühl, als Kunde willkommen zu sein. Ich merkte, einigen war ich lästig, andere wollten mich schnell loswerden und gaben mir die Adressen irgendwelcher Händler, die ich anrufen sollte.
>
> Gut, einige schickten mir dann, nach heftigem Bemühen meinerseits, Unterlagen. Meistens das Komplettprogramm, eingeheftet in umfangreiche, teure Plastikordner. Ich will jetzt auch nicht darüber klagen, wie lange das gedauert hat, daß die Hälfte erst nach nochmaligem Anmahnen die Informationen schickte. Interessant war: keiner der Mitarbeiter, die meinen Anruf entgegennahmen, machte eine Bedarfsanalyse. Dabei ging es um einen Auftrag von 80 000 bis 100 000 DM.
>
> Niemand fragte mich:
> „Wie viele Kopien machen Sie denn im Monat?“
> „Und sind das in erster Linie DIN-A4- oder auch DIN-A3-Kopien?“
> „Machen Sie auch Overheadfolien? Schwarzweiß oder farbig?“
> „Wäre es interessant, aus Ersparnis- und aus ökologischen Gründen beidseitig zu kopieren?“
> Und, und, und …

Und wie toll wäre es gewesen, wenn nach der Bedarfsanalyse direkt das Telefax mit der gezielten Produktinformation gekommen wäre. Und dann das Nachfaßtelefonat:

„Herr Greff, haben Sie unser Telefax erhalten? Ist das so für Sie in Ordnung, oder sind noch Fragen offen?“

Haben Sie schon einmal überlegt, wie viele Geschäfte Ihnen in Ihrer Firma durch die Lappen gehen, nur weil eingehende Anrufe nicht sorgfältig und kundenorientiert entgegengenommen werden?

Dieser Tip ist vielleicht der wichtigste des ganzen Buches, mit dem Sie das meiste Geld verdienen können.

Trainieren Sie alle Mitarbeiter Ihres Unternehmens, die Anrufe entgegennehmen, auf folgende Punkte:

⇨ Motivation und Lust am Telefonieren.

⇨ Sagen Sie ihnen, wie wichtig jeder Anruf ist.

⇨ Daß Anrufzettel sauber und korrekt ausgefüllt und die Namen richtig, am besten mit Vornamen, aufgeschrieben werden.

⇨ Wie sie bei einer Anfrage des Kunden eine saubere Bedarfsanalyse machen können.

⇨ Wie sie das Telefongespräch kundenorientiert beenden, beispielsweise indem sie das Ergebnis noch einmal zusammenfassen und dem Kunden sagen, was jetzt für ihn getan wird. („Ich schicke Ihnen sofort ein Fax." Oder: „Die Unterlagen gehen heute noch an Sie raus.")

⇨ Und: Immer telefonisch nachfassen!

Untersuchungen haben gezeigt, daß Anfragen aus Werbeaktionen nur zu 20 Prozent nachbearbeitet werden. Selbst konkrete Angebote werden zu mehr als der Hälfte vom Verkauf nicht mehr telefonisch nachbearbeitet. Was soll der Interessent von einem solchen Unternehmen halten?

Ich denke, daß durch ungenügendes Verhalten am Telefon bei eingehenden Anrufen mehr Aufträge verlorengehen als durch ungenügendes Verhalten des Außendienstes.

☎ **Doch auch bei der aktiven telefonischen Ansprache des Kunden ist diese Bedarfsanalyse wichtig. Aber Achtung! Beginnen Sie nie Fragen zu stellen, bevor Sie sich vom Kunden nicht die Erlaubnis eingeholt haben. Er könnte sonst das Gefühl bekommen, ausgehorcht zu werden.**

„Herr Dr. Schneider, haben Sie jetzt Zeit für ein kurzes Telefongespräch, oder soll ich Sie lieber heute nachmittag wieder anrufen?"

„Schießen Sie los – wenn's nicht zu lange dauert."

„Herr Dr. Schneider, wie bereits gesagt, es geht um das Thema ‚Vertriebseffizienz'. Damit Sie aber wissen, ob meine Vorschläge für Sie interessant sind, darf ich vorab einige Fragen an Sie stellen?"

„Ja."

Dieses „Ja" ist Ihre Chance!

Mit diesem dritten „Ja" erhalten Sie die Möglichkeit, eine genaue Diagnose (Bedarfsanalyse) durchzuführen, um dann die Therapie (ein maßgeschneidertes Angebot) einleiten zu können. Formulieren Sie die Frage nach der Erlaubnis so, daß der Kunde einen Vorteil für sich erkennt, wenn er Ihnen

- ⇨ die Erlaubnis gibt und
- ⇨ die Fragen beantwortet.

Sie sollten sich allerdings auf die wesentlichen Kernfragen beschränken. Die haben Sie sich natürlich vorher genau überlegt und im Telefonskript beziehungsweise in der Karteikarte oder der Erfassungsmaske im PC festgelegt.

Es kann durchaus vorkommen, daß durch die Bedarfsanalyse ein Telefongespräch länger dauert. Meine Empfehlung: Wenn Sie wissen, daß das Gespräch länger als fünf Minuten dauert, informieren Sie den Kunden, und vereinbaren Sie lieber einen neuen Telefontermin.

Nach dem „Ja" können Sie dann Ihre Fragen stellen:

„Darf ich fragen, wie viele Außendienstmitarbeiter Sie beschäftigen?"

„Und wie viele Bestandskunden betreuen diese im Durchschnitt?"

„Sind Sie auch für die Neugewinnung von Kunden zuständig, und gibt es da Ziele?" usw.

Wir werden im nächsten Kapitel noch einmal ausführlich auf das Thema „Fragen im Telefongespräch“ eingehen. Die Bedarfsanalyse hat folgende Ziele:

- ⇨ Den Gesprächspartner aufzuwerten (Aha, da beschäftigt sich jemand mit meinen Problemen, bevor er einen Termin macht oder mir etwas verkaufen will.)
- ⇨ Ihnen als Verkäufer die nötigen Informationen für ein maßgeschneidertes Angebot zu geben

Ergebnis dieser Analyse kann auch sein, daß der Kunde für Ihr Angebot im Augenblick oder überhaupt uninteressant ist. Erinnern Sie sich noch an unser Gabelstapler-Beispiel?

Warum sollte der Verkäufer den Kunden besuchen, wenn dieser gerade zwei neue Stapler gekauft hat und kein weiterer Bedarf besteht? Die Zeiten der ziellosen, teuren Kundenbesuche ist vorbei. Es ist genauso wichtig für den Vertriebschef zu wissen, welchen Interessenten er zur Zeit nicht persönlich besuchen muß. Per Telefon lassen sich sehr schnell andere Unternehmen finden, die eher Bedarf haben.

Wenn Sie „kein Bedarf“ feststellen, dann sagen Sie es dem Kunden, und verabschieden Sie sich freundlich. Allerdings nicht, ohne vorher nach einer Empfehlung zu fragen.

PERSÖNLICHE NOTIZEN

„Am meisten Vorbereitung kosteten mich immer meine spontan gehaltenen improvisierten Reden."

Sir Winston Churchill (1874–1965), britischer Staatsmann

9. Das Telefonskript

Was spricht dagegen, was dafür?

Im Telefonmarketing gehen die Meinungen auseinander, ob und in welcher Form ein sogenanntes Telefonskript sinnvoll ist oder nicht. Aber was ist überhaupt ein Telefonskript?

Es handelt sich im Prinzip um den aufgeschriebenen Ablauf des Telefongesprächs, in das Aufhänger, Gesprächseröffnung, Einwandbegegung, Abschlußfragen usw. eingearbeitet sind.

Das Telefonskript kann (fast) wortwörtlich ausgearbeitet, es kann aber auch als Stichwortskript aufgebaut sein. Manche Telefonierer lehnen das Skript ab, weil sie befürchten, daß ihnen dadurch die eigene Formulierungsfreiheit beim Sprechen genommen wird. Auf der anderen Seite ist die Gefahr sehr groß, daß man während eines Telefongesprächs etwas Wichtiges vergißt oder auf einen Vorwand oder Einwand des Gesprächspartners gar nicht oder falsch reagiert. Hier hilft ein Skript ungemein. In unseren Telefonmarketingabteilungen haben wir die Erfahrung gemacht, daß keine Telefonverkäuferin, auch eine erfahrene nicht, auf ein gut getextetes Skript verzichten mag.

Und für die Anfänger ist das Skript eine nicht zu unterschätzende Hilfe. Ich empfehle auch Managern vor einem wichtigen Telefongespräch, sich unbedingt ein Telefonskript anzufertigen. Das kann natürlich auch stichwortartig aufgebaut sein. Wichtig ist, daß Sie nichts vergessen und alle Ihre Argumente parat haben. Denn wenn der Telefonhörer einmal aufgelegt ist und Ihnen dann noch ein wirkungsvolles Argument einfällt – rufen Sie noch einmal an?

Der Ablauf eines Telefongesprächs für die Neukundengewinnung

Wenn Sie zum ersten Mal in einem Unternehmen anrufen, geschieht das normalerweise in folgenden Stufen:

- ⇨ Sie landen in der Telefonzentrale.
- ⇨ Sie werden weiterverbunden in das Sekretariat des gewünschten ChefMANs.
- ⇨ Sie werden, wenn Sie mit Lust telefonieren und die Sekretärin für sich und Ihr Anliegen gewinnen können, weiterverbunden zum ChefMAN.
- ⇨ Sie führen Ihr Telefongespräch mit dem ChefMAN.

Ich möchte Ihnen jetzt mit einem Telefonskript zeigen, wie normalerweise ein solches Telefongespräch abläuft. Sie werden in vielen Fällen dieses Skript mit geringen Änderungen für Ihre Arbeit nutzen können, insbesondere wenn Sie im Investitionsgüterbereich tätig sind.

Text des Telefonskriptes

In der Telefonzentrale

„Guten Tag, mein Name ist Lydia Hausmann von der Firma Gabel Fördertechnik in Aschaffenburg."

„Bitte, wer ist in Ihrem Unternehmen aus der Geschäftsleitung verantwortlich, wenn es um den Einsatz und Einkauf von Gabelstaplern geht?"

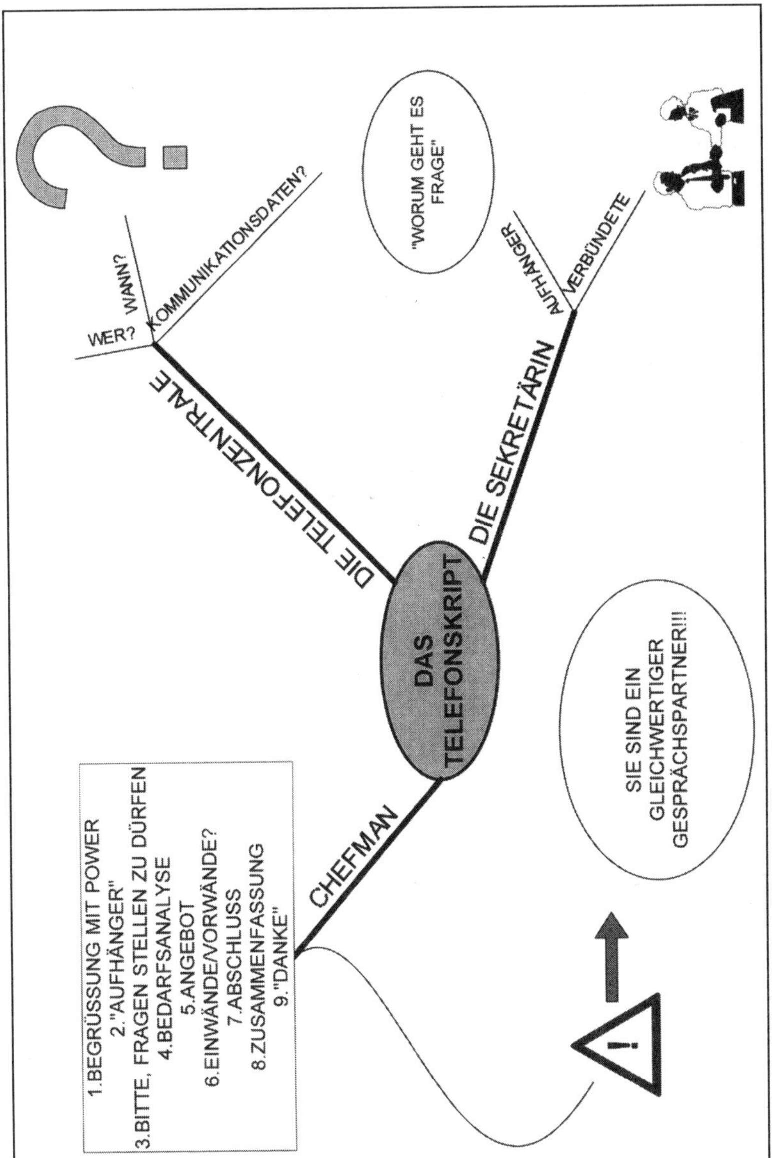

DAS TELEFONSKRIPT
DIE TELEFONZENTRALE
WER?
WANN?
KOMMUNIKATIONSDATEN?
DIE SEKRETÄRIN
AUFHÄNGER
VERBÜNDETE
"WORUM GEHT ES FRAGE"
CHEFMAN
1.BEGRÜSSUNG MIT POWER
2."AUFHÄNGER"
3.BITTE, FRAGEN STELLEN ZU DÜRFEN
4.BEDARFSANALYSE
5.ANGEBOT
6.EINWÄNDE/VORWÄNDE?
7.ABSCHLUSS
8.ZUSAMMENFASSUNG
9."DANKE"
SIE SIND EIN GLEICHWERTIGER GESPRÄCHSPARTNER!!!

„Das macht Herr Becker."

„Danke. Sind Sie so nett und nennen mir auch noch den Namen der Sekretärin von Herrn Becker?"

„Die Sekretärin ist die Frau Sommer."

„Danke, sind Sie doch so nett und verbinden mich."

Im Sekretariat

„Guten Tag, Frau Sommer, mein Name ist Lydia Hausmann von der Firma Gabel Fördertechnik aus Aschaffenburg. Sind Sie so nett und verbinden mich mit Herrn Becker?"

„Worum geht es?"

„Frau Sommer, es geht um das Thema Fördertechnik. Da gibt es neue Entwicklungen, die möglicherweise auch Ihrem Unternehmen Vorteile bringen können. Darüber möchte ich Herrn Becker kurz informieren. Er ist doch dafür verantwortlich?"

„Ja."

„Sind Sie dann so nett und verbinden mich?!"

„Moment mal ..."

Beim ChefMAN

Jetzt Power in die Stimme legen. Denken Sie an die ersten zehn Sekunden!

„Guten Tag, Herr Becker, mein Name ist Lydia Hausmann von der Firma Gabel Fördertechnik in Aschaffenburg. Herr Becker, Sie sind in Ihrem Unternehmen auch verantwortlich, wenn es um den Einsatz und Einkauf von Gabelstaplern geht?"

Das Wort „auch" wertet auf und hilft, die Beziehungsebene aufzubauen.

„Ja, worum geht es denn?"

„Völlig neue Entwicklungen" ist hier der Aufhänger.

„Herr Becker, es geht um völlig neue Entwicklungen in diesem Bereich, die die Firma Linde entwickelt hat. Damit wir aber gemeinsam feststellen, ob diese neuen Entwicklungen für Ihr Unternehmen interessant sind, darf ich einige Fragen an Sie richten?"

Es folgt die Bedarfsanalyse.

Offene Fragen und Alternativfragen stellen!

Wenn Angebot uninteressant, weiter:
„Herr Becker, da Sie ja gerade zwei neue Gabelstapler gekauft haben, kommen wir wahrscheinlich ein bißchen zu spät. Das ist schade, denn die Entwicklungen von Linde, von denen ich sprach, betreffen unter anderem den ökologischen Bereich. Zusätzlich sind die neuen Stapler extrem leise."

Nach Empfehlung fragen:
„Wissen Sie denn noch jemanden aus Ihrem Unternehmerbekanntenkreis, der sich zur Zeit mit der Neuanschaffung eines Gabelstaplers beschäftigt?"

Wenn Angebot interessant, weiter:
„Herr Becker, Sie sagten mir, daß Sie nur explosionsgeschützte Gabelstapler einsetzen und daß Sie zwei Geräte im Einsatz haben, von denen das eine schon zwölf Jahre alt ist.
Da wäre es doch für Sie interessant, einmal die neuen Entwicklungen von Linde auf diesem Gebiet kennenzulernen. Und dazu würde Sie gerne einmal unser Herr Seite besuchen."

Alternativer Terminvorschlag:
„Welcher Termin wäre Ihnen denn angenehmer, Montagvormittag um 10 Uhr 30 oder am Freitag im Laufe des Nachmittags?"

Jetzt müssen Sie auf Einwände und Vorwände des Kunden vorbereitet sein und die Abschlußtechnik beherrschen!

Der Kunde stimmt dem Termin nicht zu:

Sie überzeugen den Kunden nicht und erhalten keinen Termin.

Versuchen Sie Ihr zweites Ziel zu erreichen, zum Beispiel das Zusenden (oder Zufaxen) von Informationen und die Vereinbarung für einen fest terminierten Wiederanruf.

Der Kunde stimmt dem Termin zu:

Sie überzeugen mit Ihrer Argumentation den Kunden, daß ein Termin ihm Nutzen bringt und erhalten einen Termin.

Zusätzlich können Sie ihn jetzt auch schon nach einer Empfehlung fragen.

Auf jeden Fall nach Empfehlungen fragen. Gerade wenn der Kunde „nein" gesagt hat, ist er oft bereit, Ihnen auf andere Weise entgegenzukommen.

Zusammenfassung der Gesprächsergebnisse. „Danke" nicht vergessen!

Zugegeben, was Sie jetzt gelesen haben, ist noch sehr allgemein. Dieses Skript hat jedoch für Sie den Vorteil, daß Sie es leicht für Ihr eigenes Angebot abändern können. Versuchen Sie es einmal, Sie werden sehen, wie gut schon dieses einfache Skript funktioniert. Und vergessen Sie nie, auch bei scheinbar für Sie negativem Gesprächsverlauf, nach der Empfehlung zu fragen. Wenn nur jeder 20. Gesprächspartner Ihnen einen Namen nennt, haben Sie eine Erfolgsquote von fünf Prozent, ohne Zusatzkosten und Zeitaufwand. Und oft einen hochkarätigen Interessenten.

☎ Sie müssen nur den Mut haben zu fragen!

Überhaupt „Fragen!". Die Unternehmensberatung Huthwaite Research hat untersucht, warum Verkäufer sehr erfolgreich sind und ihre Gesprächspartner überzeugen. Dabei wurde auch das Verhältnis von „Fragen stellen" und „Informationen mitteilen" untersucht.

Hier das Ergebnis:

Wenn Sie viermal mehr mitteilen als Fragen stellen

Dann verwenden Sie beim Überzeugen sehr viel Mitteilen. Sie lieben es, Ihr Wissen zu dokumentieren, indem Sie Informationen mitteilen. Das funktioniert am besten:

⇨ bei Kunden, die Sie kennen,

⇨ wenn Sie unter Zeitdruck stehen,

⇨ als Experte anerkannt sind.

Forschungsergebnisse zeigen jedoch, daß Fragen im Überzeugungsprozeß sehr viel wirkungsvoller sind. Mehr Fragen helfen Ihnen, noch überzeugender zu wirken.

Wenn Sie zwei- bis viermal mehr mitteilen als Fragen stellen

Sie haben es sich in Ihrer Verkäufertätigkeit und vielleicht auch in Ihrem Privatleben angewöhnt, viel mitzuteilen und weniger zu fragen. Obwohl dies in einigen Situationen funktioniert, ist es nicht sehr wirkungsvoll, andere zu überzeugen. Gerade im Verkaufsgespräch werden Sie mit Fragen die besseren Ergebnisse erzielen.

Wenn Sie ein- bis zweimal mehr mitteilen als Fragen stellen

Die meisten Menschen teilen lieber mehr mit, als daß sie Fragen stellen. Sie liegen etwa in der Mitte und fühlen sich dabei wohl und sind sicher auch erfolgreich. Denn Menschen, die besonders wirkungsvoll überzeugen, verwenden besonders viele Fragen.

Wenn Sie mehr fragen als mitteilen

Sie haben große Verkaufserfahrung und auch sonst ist es zu Ihrer Gewohnheit geworden, viele Fragen zu stellen. Auf jeden Fall hilft Ihnen dies, wirkungsvoller zu überzeugen.

Wissen Sie, wie kleine Kinder für ihr Leben lernen? Sie fragen, fragen, fragen – wenn es den Erwachsenen auch manchmal auf die Nerven geht. Beobachten Sie einmal, wie Vierjährige sich untereinander unterhalten? Sie fragen und lernen gegenseitig voneinander. Das Spiel hat dann leider oft ein Ende, wenn Kinder in die Schule kommen. Da werden sie dann dazu erzogen, ruhig zu sein, sich das anzuhören, was der Lehrer erzählt. Fragen dürfen meist nur noch gestellt werden, wenn es erlaubt ist. Meine Empfehlung: Wenn es um die Bedeutung von Fragen geht, laßt uns doch wieder von den Kindern lernen – und nicht nur dann!

Für das Fragen im Verkaufsgespräch am Telefon, beginnend bei der Bedarfsanalyse, empfehle ich Ihnen mein APINA-System. APINA bedeutet:

A	=	Analysefragen stellen
P	=	Problemfragen stellen
I	=	Implikationsfragen stellen (= hinführende Fragen)
N	=	Nützlichkeitsfragen stellen
A	=	Abschlußfragen stellen

Am besten erkläre ich Ihnen das an einem Beispiel: Nehmen wir an, ich wollte einem Vertriebsleiter meine Beratung zur Einführung des Telefonverkaufs verkaufen, und vorrausgesetzt, ich habe die Sekretärin als Verbündete gewonnen, ich habe mit Lust telefoniert, und mein „Aufhänger" hat beim ChefMAN gewirkt. Ich spreche weiter:

„Herr Dr. Schneider, es geht, wie gesagt, um die Effizienzsteigerung im Vertrieb bei gleichzeitiger Servicesteigerung für Ihre Kunden. Damit wir gemeinsam feststellen, ob sich für Sie ein persönliches Gespräch lohnt, darf ich jetzt einige Fragen an Sie richten?"

„Ja, schießen Sie los."

A = Analysefragen

„Herr Dr. Schneider, wie viele Außendienstmitarbeiter beschäftigen Sie?"

„Zwölf."

„Und wie viele Bestandskunden betreuen diese?"

„Zirka 25."

„Kümmern sich diese Außendienstmitarbeiter auch um die Neukundengewinnung?"

„Im Prinzip sollten sie, aber es handelt sich vorwiegend um Ingenieure, die in erster Linie die Kundenbasis betreuen."

P = Problemfragen

„Sind Sie denn mit dieser Situation zufrieden, Herr Dr. Schneider?"

oder auch

„Bedeutet dies, daß die Neukundengewinnung besser sein könnte?"

Im ersten Fall wird Herr Dr. Schneider wahrscheinlich mit „Nein", im zweiten Fall mit „Ja" antworten. Verkaufstechnisch empfiehlt es sich, Problemfragen so zu stellen, daß der Kunde sie mit Nein beantworten muß.

Dies verstärkt die Wirkung.

I = Implikationsfrage (hinführende Frage)

„Herr Dr. Schneider, Sie haben angesprochen, daß Ihre Verkäufer in erster Linie Techniker sind und Ihre Kunden betreuen. Was denken Sie, wieviel Geschäft verlieren Sie durch die fehlende Neuakquisition?"

„Das ist sicher eine Menge, aber schwierig zu beziffern."

N = Nützlichkeitsfrage

„Habe ich Sie richtig verstanden, daß Sie daran interessiert sind, neue Kunden zu gewinnen, ohne die gute Betreuung Ihrer Bestandskunden aufzugeben?"

„Ja, sicher …"

„Herr Dr. Schneider, könnten Sie sich vorstellen, daß wir hierfür ein System finden, das Ihrem Außendienst bei der Neukundengewinnung hilft, ohne daß seine bisherige Betreuungstätigkeit davon berührt wird?"

„Wie soll das gehen?"

A = Abschlußfrage

„Dies ist sehr schwierig am Telefon zu erklären, dafür sollten wir uns auch ein wenig Zeit nehmen. Herr Dr. Schneider, haben Sie Ihren Terminkalender zur Hand? Fein, mein Vorschlag wäre Montag, der 3. Dezember, direkt vormittags um 8 Uhr 15, oder der darauffolgende Mittwoch im Laufe des Nachmittags. Welcher Termin ist Ihnen lieber?"

So, oder so ähnlich sollte der Aufbau der Fragekette in einem Telefongespräch mit dem Ziel qualifizierter Termin erfolgen.

Ich empfehle Ihnen, immer mit Alternativterminen zu arbeiten. Das ist zwar ein alter Hut, funktioniert aber, und hilft dem Gesprächspartner über die letzte Hürde. Der erste Terminvorschlag sollte konkret mit Uhrzeit sein (8 Uhr 15). Der zweite mit Spielraum (im Laufe des Nachmittags). Dies erleichtert dem ChefMAN eher die Zustimmung als zwei mit fester Uhrzeit genannte Vorschläge.

Zeitvorschläge wie 8 Uhr 13 finde ich persönlich lächerlich und unglaubwürdig. Auch Manager planen im Viertelstundentakt.

Und noch eins: Wenn beide Vorschläge, die Sie genannt haben, nicht passen, fragen Sie um Himmels willen nicht: „Wann paßt es Ihnen denn?" Es klingt blöde, und Ihr Gesprächspartner weiß sofort, daß Ihr Terminkalender leer ist. Dabei sind Sie doch ein gefragter, vielbeschäftigter Mann oder eine gefragte, vielbeschäftigte Frau!

Fragen Sie lieber: „Herr Dr. Schneider, sind Sie dann so nett und machen mir zwei Vorschläge für unser gemeinsames Gespräch?"

Glauben Sie mir, je besser, kundenorientierter und genauer Sie die Bedarfsanalyse machen, um so eher kommen Sie zu Ihrem Ziel. Darum kein Termin bei einem Erstkunden, auch nicht bei einem Bestandskunden, ohne vorherige Bedarfsanalyse. Und prüfen Sie, ob der persönliche Besuch immer notwendig ist. Vieles kann am Telefon erledigt werden. Sie sparen dann viel Zeit und Geld und entlasten die Umwelt durch weniger Autokilometer.

Nun, und das wissen Sie natürlich auch, geht nicht alles immer so glatt und einfach. Der Kunde hat Bedenken gegen unser Angebot, er hat Einwände und Vorwände. Dies liegt einfach darin begründet, daß er uns nicht kennt und, wie bereits ganz am Anfang erwähnt, uns mißtrauisch gegenübertritt. Also kommen dann die Einwände (oder sind es Vorwände?) wie: kein Interesse, keine Zeit, schicken Sie mir erst einmal Unterlagen usw.

☎ **Für den Telefonprofi ist es sehr wichtig zu unterscheiden, ob es sich um einen Einwand oder einen Vorwand handelt.**

Nehmen wir einmal folgendes Beispiel:

Sie haben bisher alles richtig gemacht, insbesondere voller Freude und Lust telefoniert. Die Begeisterung für Ihre Firma und Ihr Angebot war deutlich am anderen Ende der Telefonleitung zu spüren, und dennoch sagt der Kunde: „Schicken Sie mir doch erst einmal Unterlagen."

Bums, was tun? Ist das alles nur ein Vorwand, und will der Kunde Sie abwimmeln, oder will er sich tatsächlich vor einem persönlichen Gespräch einfach einmal informieren? Die meisten Teilnehmer auf meinen Seminaren vermuten, daß es sich hier um einen

Vorwand handelt, um sie abzuwimmeln. Es gibt da eine relativ einfache Methode, mit der Sie herausfinden können, ob es sich um einen sachlich begründeten Einwand, der übrigens Kaufinteresse zeigt, oder um einen abwimmelnden Vorwand handelt.

Aber ich möchte Ihnen zunächst zeigen, wie wir früher Verkäufer auf solche Antworten des Kunden geschult haben.

Der Kunde sagt:

„Schicken Sie mir doch zunächst einmal Unterlagen."

Der Verkäufer sagt:

„Gerne, aber Sie wissen, Prospekte haben nur allgemeinen Charakter. Für Sie sind jedoch besondere Erläuterungen sicher interessant. Deshalb mein Vorschlag für ein persönliches Gespräch. Wann paßt es Ihnen ...?"

Also, auf den Vorwand des Kunden (oder war es ein Einwand?) kam sofort die Antwort. Die Folgen:

- ➪ Viele nutzlose Besuche bei uninteressierten Kunden wurden vereinbart.
- ➪ Teure Prospekte wurden an „Prospektesammler" verschickt.
- ➪ Termine wurden nicht eingehalten, weil der Kunde eigentlich gar nicht wollte, und der Termin ihm quasi aufs Auge gedrückt wurde.

Deshalb heute: die Interessensfrage stellen!

Der Kunde sagt:

„Schicken Sie mir doch erst einmal Unterlagen."

Der Verkäufer fragt:

„Gerne, Herr Kunde. Was interessiert Sie denn im besonderen?"

Der Kunde antwortet:

„Wie Sie das mit dem Explosionsschutz gelöst haben."

„Na ja, wie Sie das technisch gelöst haben ...“

Der Verkäufer sagt:

„Das mache ich sehr gerne. Ich kreuze Ihnen in dem Prospekt die für Sie wichtigen Punkte an.“ (oder im Telefax) „Ich rufe Sie dann am ... um ... Uhr wieder an. Oder wäre Ihnen der ... lieber?“

Wenn der Kunde auf die Frage: „Was interessiert Sie denn im besonderen?“ sinngemäß antwortet:

„Ach, halt Informationen allgemeiner Art – damit ich informiert bin, wenn wieder eine Entscheidung dieser Art ansteht“, überlegen Sie genau, ob das die 30-Mark-Broschüre wert ist oder ob Sie lieber ein Katalogblatt für 20 Pfennige schicken (oder faxen).

Das müssen Sie jetzt nach der sorgfältigen Bedarfsanalyse genau wissen.

Mit der „Was-interessiert-Sie-denn-besonders?“-Frage haben Sie also die Chance, Einwände von Vorwänden zu unterscheiden. Das gelingt nicht immer, aber was gelingt schon immer?

Ich rate Ihnen dringend, den „Abwimmlern“ nicht allzuviel Zeit zu widmen. Vielleicht haben Sie auch schon im Vorfeld einen Fehler gemacht. Sie telefonieren nämlich gar nicht mit dem ChefMAN, sondern mit irgendeinem subalternen Mitarbeiter, der gar keine oder wenig Kompetenzen hat. Den Fehler könnten Sie schon an der Telefonzentrale gemacht haben. Wahrscheinlich haben Sie sie nicht als Informationsquelle genutzt. Es ist auch wichtig, wie Sie hier Ihre Frage stellen. Sie können an der Telefonzentrale fragen:

⇨ „Bitte, wer ist zuständig für ...?“

⇨ „Bitte, wer ist verantwortlich für ...?“

⇨ „Bitte, wer ist aus der Geschäftsleitung auch* verantwortlich für ...?“

---

* Das „auch“ ist sehr wichtig auf der 1. Führungsebene.

Versuchen Sie, so hoch wie möglich in der Kompetenzhierarchie einzusteigen. Runter kommen Sie immer noch. Und es ist schon ein Vorteil für Sie, wenn Sie sagen können: „Herr Direktor Becker hat mich an Sie verwiesen, Herr Dr. Schneider. Sie sind ja zuständig, wenn es um den Einsatz und Einkauf von Gabelstaplern geht?"

Im Topmanagement gibt es kaum „Abwimmler". Wenn Ihr Angebot gut ist, heißt es „ja", wenn Ihr Angebot nicht benötigt wird, heißt es „nein". Punktum. „Abwimmler" gibt es nur auf den mittleren und unteren Ebenen.

Und wenn dann Einwände, echte Einwände, vorgebracht werden, dann heißt das für Sie als Verkäufer: weitersprechen, Sie haben ihn noch nicht genügend überzeugt!

Jetzt, wo wir mit großer Wahrscheinlichkeit Vorwände von Einwänden unterscheiden können:

123 Antworten für die Einwände Ihrer Kunden

„Schicken Sie mir erst einmal Unterlagen."

- ☏ Gerne, was interessiert Sie denn besonders?
- ☏ Das mache ich gerne. Sie wissen, Prospekte haben allerdings nur allgemeinen Charakter. Nachdem, was Sie mir berichtet haben, sind jedoch besondere Erläuterungen notwendig.
- ☏ Sehr gern, sagen Sie mir bitte noch, was Sie im einzelnen interessiert. Dann kennzeichne ich die entsprechenden Punkte für Sie in unserem Prospekt.
- ☏ Gern, wie schnell müssen Sie denn die Informationen haben? Soll ich Sie Ihnen sofort per Fax zuschicken?
- ☏ Lassen Sie uns die einzelnen Punkte, die wir jetzt am Telefon besprochen haben, noch einmal durchgehen. Damit ich Ihnen genau das zuschicke, was Sie interessiert.

☏ Wir haben da einen Fragebogen einwickelt. Ich faxe Ihnen den gerade einmal zu. Sie können dann einfach ankreuzen, worauf es Ihnen besonders ankommt. Sie erhalten dann maßgeschneiderte Unterlagen und müssen sich nicht durch die allgemein gehaltenen Prospekte durcharbeiten.

☏ Was genau soll ich Ihnen zuschicken?

☏ Haben Sie ein Faxgerät an Ihrem Arbeitsplatz? Ich faxe Ihnen jetzt die Unterlagen zu, die mir nach unserem Telefongespräch für Sie besonders interessant erscheinen. Wir können ja dann in zwei Stunden darüber noch einmal telefonieren. Ist das o. k.?

☏ Wir haben zu der diskutierten Aufgabenstellung eine hervorragende Fallstudie. Die schicke ich Ihnen heute noch zu. Ich schreibe das Wort „Wichtig" auf den Umschlag und markiere das Wort in Gelb. Sagen Sie doch Ihrer Sekretärin, daß sie Ihnen diesen Umschlag dann als erstes aus der Tagespost vorlegt. Anfang nächster Woche, oder besser am Montagvormittag, rufe ich Sie dann zu diesem Thema wieder an. Ist das in Ordnung?

☏ Nach den Fragen, die Sie mir beantwortet haben, scheint mir unserer Angebot hochinteressant für Ihr Unternehmen. Mein Vorschlag: Ich bringe unsere ausführliche Dokumentation zu diesem Thema persönlich vorbei. Wenn Sie Zeit haben, können wir sie ja gemeinsam durchgehen. Sonst lasse ich sie Ihnen für zwei Wochen zur Ansicht da. Welchen Alternativtermin könnten Sie mir denn vorschlagen?

„Ich habe im Moment keine Zeit."

☏ Ja, das verstehe ich, was schlagen Sie vor?

☏ Ja, der Zeitdruck wird immer größer. Nach dem, was Sie mir erzählt haben, scheint die Sache allerdings so interessant für Sie, daß Sie etwa eine Stunde in ein ausführliches Gespräch investieren sollten. Vielleicht bei einem gemeinsamen Mittag- oder Abendessen. Sie erkennen dann sehr schnell, ob und wie sich die Sache für Sie lohnt.

- ☏ Wir können uns gerne frühmorgens oder spätabends zusammensetzen. Nach den Dingen, die Sie mir erzählt haben, ist mein Vorschlag wirklich hochinteressant für Sie.
- ☏ Wann sind Sie das nächste Mal am Flughafen? Ich komme gerne rausgefahren. Dann können wir die Zeit bis zu Ihrem Abflug nutzen, um über dieses hochaktuelle Thema zu sprechen.
- ☏ Wann sind Sie das nächste Mal wieder auf Geschäftsreisen? Es gibt da sicher einen langweiligen Hotelabend, den wir für unser Gespräch nutzen können. Was Sie mir über Ihr Unternehmen berichtet haben, ist so interessant, daß wir keine Zeit verlieren sollten.
- ☏ Spielen Sie Tennis oder Golf? Lassen Sie uns doch einmal zu einem Match verabreden und bei dieser Gelegenheit über die Dinge reden.
- ☏ Ich verstehe Ihre Bedenken wegen der Zeit. Gerade deshalb wäre ein Gespräch wichtig. Denn wahrscheinlich können wir Ihnen helfen, die Probleme wegen der zu geringen Neukundengewinnung abzuschaffen.
- ☏ Ja, ich kenne das Zeitproblem. Manchmal hindert es uns sogar daran, wirklich schöne Dinge zu machen. Und manchmal verpassen wir aus Zeitgründen Chancen. Wir brauchen zirka eine Stunde. Und nach dem, was Sie mir gesagt haben, ist das eine tolle Chance zur Lösung ihres Problems „Neukundengewinnung“.
- ☏ Trotz Zeitknappheit. Geben Sie mir die Chance für ein etwa einstündiges Gespräch. Wenn Sie danach der Meinung sind, die Zeit wäre für Sie vergeudet gewesen, schreibe ich Ihnen sofort eine Scheck über 1 000 DM als Spende für UNICEF aus.
- ☏ Ich verstehe. Allerdings, nach dem, was Sie mir gesagt haben, ist das Thema so interessant für Sie, daß Sie eine Menge Geld verdienen und in Zukunft Zeit sparen können. Mein Vorschlag, Sie geben mir zehn Minuten, um Ihnen den Aufbau unserer umfangreichen Broschüre zu erklären. Danach entscheiden Sie selbst, ob Sie das Gespräch weiterführen wollen. Bleibt noch unser Termin. Ist es Ihnen lieber am Donnerstag gegen 11 Uhr 30 oder in der Woche darauf am Dienstag im Laufe des Nachmittags?

„Dafür ist mein Mitarbeiter (mein Kollege) zuständig.“

☏ Ja, welche Funktion hat Ihr Kollege?

☏ Unser Angebot hat natürlich grundsätzliche Auswirkungen auf die Vertriebsstruktur. Deshalb würde ich es gerne zunächst erst einmal auf Geschäftsleitungsebene diskutieren.

☏ Nach dem, was Sie mir gerade erzählt haben, sollten wir unser Angebot zunächst einmal auf der Geschäftsleitungsebene diskutieren. Danach sollten Sie entscheiden, was der nächste Schritt ist.

☏ Wie ist der Name Ihres Kollegen? Und welche Funktion hat er? Fein, sind Sie dann so nett und verbinden mich weiter?

☏ Ist er für die Fachentscheidung oder die grundsätzliche Entscheidung auf Geschäftsleitungsbasis zuständig?

☏ Trifft Ihr Kollege die Entscheidung allein, oder gibt es ein Entscheidungsgremium?

☏ Nach dem, was Sie mir erzählt haben, schlage ich vor, unser Angebot zunächst in einem engen Kreis, am besten auf Geschäftsleitungsebene, zu besprechen.

☏ Sie wissen, Entscheidungen dieser Art sorgen oft für Unruhe im Unternehmen. Deshalb empfehle ich, daß Sie und ich zunächst einmal eine Stunde investieren, um über Vorteile und Auswirkungen zu diskutieren.

☏ Lassen Sie uns noch einmal einige Minuten jetzt am Telefon darüber diskutieren, was mein Vorschlag für Sie bedeutet. Dann können Sie immer noch entscheiden, ob das eine Angelegenheit für die Fachabteilung ist.

☏ Ist der Einkauf nur für die Preisgestaltung verantwortlich, oder trifft er auch die Fachentscheidung?

„Ich habe kein Interesse."

- ☏ Ich würde gerne die Gründe erfahren, denn nach dem, was Sie mir erzählt haben, ...
- ☏ Darf ich fragen, warum?
- ☏ Bedeutet dies, daß Sie mit der bisherigen Lösung zufrieden sind?
- ☏ Es gibt keinen Grund der Welt, sich für etwas zu interessieren, was man nicht genau kennt. Genau das ist der Grund, weshalb ich Sie ausführlich informieren möchte.
- ☏ Nachdem ich in der Presse über Ihr Unternehmen gelesen habe, habe ich natürlich aus einem besonderen Grund angerufen. Wir haben kürzlich ein solches System bei einer ähnlichen Firma eingerichtet. Die Probleme sind jetzt gelöst. Darüber würde ich Sie gerne informieren.
- ☏ Sie haben mir erzählt, daß Ihre technikorientierten Verkäufer Probleme mit der Neukundengewinnung haben. Wenn Sie sagen, Sie sind nicht interessiert, bedeutet dies generell kein Interesse oder im Augenblick nicht?
- ☏ Bedeutet dies, daß Sie mit der momentanen Situation sehr zufrieden sind und keine Neukunden zum Wachstum Ihres Geschäfts benötigen?
- ☏ In den letzten sieben Monaten haben über 40 Unternehmen Ihrer Art und Größenordnung ihren Vertrieb mit unserer Hilfe neu strukturiert. Sie verdienen mehr Geld, weil sie Vertriebskosten sparen und bieten ihren Kunden zusätzlich einen besseren Service. Einige der Chefs sagten zunächst das gleiche: „Kein Interesse." Jetzt sind sie froh, daß sie uns Gelegenheit zu einem persönlichen Gespräch gegeben haben.
- ☏ Nach dem, was Sie mir erzählt haben, muß das Thema für Sie interessant sein. Im Interesse Ihres Unternehmens überzeugen Sie sich selbst davon. Rufen Sie einfach einmal Herrn Becker von der Firma Gabel Fördertechnik an. Hier ist seine Telefonnummer. Wann werden Sie das tun?

☏ Sie sind nicht daran interessiert, zusätzlich neue Kunden zu gewinnen und Ihren Kundenservice weiter zu verbessern?

„Zur Zeit sind wir in einer wirtschaftlich schwierigen Lage."

☏ Gerade deshalb ist es wichtig, neue Geschäftsfelder zu erschließen. Beispielsweise durch Neukundengewinnung.

☏ Ich bin sicher, Sie wollen diese Situation verbessern. Nach dem, was Sie mir gesagt haben, kann unser System Ihnen dabei helfen. Darüber würde ich gerne einmal gemeinsam mit Ihnen sprechen.

☏ Denken Sie, daß die Schwierigkeiten anhalten? Sicher nicht! Dann ist jetzt der beste Zeitpunkt, um sich einmal zusammenzusetzen. Welcher Termin ist Ihnen lieber …?

☏ Was bedeutet das für Ihr Unternehmen?

☏ Welche Konsequenzen ergeben sich für Ihre Firma daraus?

☏ Ja, ich verstehe. Nach dem, was Sie mir gesagt haben, ergeben sich für Sie Chancen, Vertriebskosten zu senken, richtig? In diesem Falle ist unsere Beratung (unser Produkt) für Sie wichtiger denn je.

☏ Wenn die Geschäfte zurückgehen, sollten Sie die Produktivität (im Vertrieb) schnell erhöhen. Schauen Sie sich einmal die Firma Gabel Fördertechnik an. Die setzen heute konsequent Telemarketing ein und nutzen den wertvollen Außendienstbesuch nur noch dann, wenn sich eine echte Verkaufschance bietet. Darüber sollten wir einmal gemeinsam sprechen.

☏ Gerade jetzt bietet es sich an umzustellen. Wenn das Geschäft blüht, sind die Mitarbeiter im Streß und haben keine Zeit.

„Wir sind mit unserem bisherigen Lieferanten sehr zufrieden."

☏ Gerade deshalb rufe ich Sie an. Denn dann sind Sie sicher daran interessiert zu sehen, was wir Ihnen bieten können.

☏ Zufrieden, in welcher Beziehung?

☏ Gerade deshalb wäre es doch für Sie wichtig, einmal zu vergleichen.

☏ Die meisten unserer Kunden waren mit dem zufrieden, was sie hatten. Es gibt drei Gründe, weshalb sie gewechselt haben … (hier drei Produktvorteile nennen).

☏ Welche Eigenschaften schätzen Sie denn am meisten? (Aufzählen lassen. Jetzt „Umkehr- oder Bumerangtechnik" einsetzen.) Gerade deshalb rufe ich Sie an. In diesem Bereich gibt es neuen Entwicklungen, die ich Ihnen gerne einmal vorstellen möchte. Welcher Termin ist Ihnen lieber …?

☏ Darf ich fragen, mit wem Sie zur Zeit zusammenarbeiten? Wir kennen diesen Mitbewerber. Gerade deshalb wäre es sicher für Sie wichtig, einmal zu vergleichen.

☏ Was haben Sie eingesetzt, bevor Sie gekauft haben, was Sie jetzt einsetzen? Und warum haben Sie gewechselt? Dies ist der Grund, weshalb ich Sie heute anrufe. Wir haben neue Entwicklungen in diesem Bereich, die Sie sich unbedingt einmal persönlich ansehen sollten.

☏ Was ist für Sie wichtig, daß die Kundendienststelle in der gleichen Stadt ist oder daß der Techniker in längstens eineinhalb Stunden bei Ihnen ist? Und, falls nötig, eine Ersatzmaschine im Kofferraum hat?

☏ Haben Sie einmal daran gedacht, welche Vorteile es Ihnen bieten könnte, einen leistungsfähigen Zweitlieferanten zu haben?

☏ Ich verstehe das. Nehmen wir einmal an, Sie könnten sich heute Ihren Traumlieferanten wünschen? Was müßte der Ihnen bieten?

„Wir möchten uns noch andere Produkte ansehen."

☏ Das verstehe ich, daß Sie Leistungsvergleiche anstellen. Lassen Sie mich eine Frage stellen: Nach dem, was ich Ihnen gezeigt habe, was sind die Gründe, die für und eventuell gegen uns sprechen?

☏ Das verstehe ich, denn Sie müssen für sich das beste Angebot herausfinden. Nach welchen Kriterien vergleichen Sie Angebote? Was sind für Sie die wichtigsten Leistungsmerkmale?

☏ Danke, daß Sie mir das sagen. Können wir so verbleiben, daß wir auf jeden Fall noch einmal miteinander sprechen, bevor Sie eine Entscheidung treffen? Danke!

☏ Wann werden Sie Ihre Entscheidung treffen?

☏ Ich verstehe das. Nach dem, was Sie mir gesagt haben, bin ich der festen Überzeugung, daß Sie mit uns den besten Partner haben werden. Wenn ich Ihnen zwischenzeitlich irgendwie helfen kann, wenn Sie einen Tip brauchen, rufen Sie mich an. Hier ist meine Privatnummer.

☏ Ich verstehe das. Offensichtlich haben Sie noch Gründe. Darf ich fragen, welche das sind?

☏ Das finde ich gut. Sie erkennen dann sofort, wie gut unser Angebot für Sie ist.

☏ Das müssen Sie sogar. Gerade bei einer so langfristigen Entscheidung sollten Sie alle Für und Wider abwägen. Welche Fabrikate haben Sie denn in Betracht gezogen, die auch Ihren Anforderungen gerecht werden könnten?

☏ Ich verstehe das. Sagen Sie, treffen Sie die Entscheidung allein oder in einem Gremium?

„Wir müssen darüber noch einmal nachdenken."

☏ Das verstehe ich, wann werden Sie Ihre Entscheidung treffen?

☏ Welche Fragen sind noch offen?

☏ Gut, lassen Sie uns doch einmal gemeinsam laut nachdenken. Machen Sie sich Gedanken über die Finanzierung, oder hat es etwas mit der Lösung an sich zu tun?

☏ Lassen Sie uns doch noch einmal gemeinsam nachdenken, solange alles noch frisch im Kopf ist. Welche Punkte sind es, über die Sie noch mehr Informationen brauchen?

☏ Eigentlich ist diese Entscheidung ja relativ unbedeutend für Sie, bei allem, was Sie im Kopf haben und entscheiden müssen. Warum nicht gleich die Entscheidung treffen, damit es losgehen kann und Sie den Kopf wieder frei haben für die wirklich großen Dinge?

☏ (*Humorvoll*) Einverstanden, ich warte in einer Stunde unten beim Pförtner, und Sie können herauskommen, wenn Sie sich entschieden haben. Im Ernst, wir haben alle Vor- und Nachteile besprochen. Warum die Entscheidung noch hinauszögern?

☏ Offensichtlich haben Sie Ihre Gründe dafür. Darf ich fragen, welche das sind?

☏ Ich verstehe, daß Sie noch einmal überlegen wollen. Darf ich fragen, was für und was gegen einen sofortigen Kauf spricht? Dies kann bedeuten, daß Sie zwei Monate Zeit verlieren, bis Sie mit der Neukundengewinnung beginnen können. Ist das in Ihrem Sinne?

☏ Denken Sie nicht so lange nach. Wenn Sie noch einen kleinen Schubs brauchen, rufen Sie doch Herrn Becker von der Lackfabrik Roth an, und fragen Sie ihn nach seinen Erfahrungen. Sie wissen ja, wer zu spät kommt, den bestraft das Leben.

☏ Ich kann mich gut in Sie hineinversetzen. Und ich habe das Gefühl, daß Sie froh wären, wenn Sie diese Entscheidung hinter sich hätten. Ich glaube auch, daß Ihnen unser Angebot im großen und ganzen gefällt. Was hält Sie noch zurück?

☏ Sie möchten sich das noch einmal überlegen? Ich weiß, was Sie sagen wollen. Sie sagen damit, daß ich Sie noch nicht genügend überzeugt habe. Was ist es, das ich Ihnen nicht genug erklärt habe?

„Wenn Sie 15 Prozent Rabatt geben, bekommen Sie noch heute den Auftrag."

☏ Würden Sie Ihren Rechtsanwalt fragen, ob er Ihnen Rabatt gibt?

☏ Was steckt hinter Ihrer Frage?

☏ Gut. Lassen Sie uns gemeinsam überlegen, welche Leistungen, die in dem Preis enthalten sind, von Ihnen nicht benötigt werden.

☏ Warum möchten Sie einen Rabatt von 15 Prozent?

☏ Ja – welche Menge (wieviel Stück) möchten Sie heute kaufen? Wissen Sie, als ich mein Geschäft vor sieben Jahren eröffnet habe, habe ich beschlossen, daß alle meine Kunden die besten Preise erhalten. Dies war und ist der beste Weg, meine Integrität zu behalten. Ich will mich nicht eines Tages bei meinen Kunden wegen schlechter Qualität meiner Produkte oder minderem Service entschuldigen müssen – wegen billiger Preise.

☏ Wir können Ihnen auch eine billigere Alternative bieten. Auf welche Produkteigenschaften können Sie denn verzichten?

☏ Nun, unsere Produkte haben einen exakten Qualitätsstandard. Das sichert uns die zufriedene Kundenbasis. Und die ist für uns sehr wichtig, nicht der möglichst billige Herstellungspreis.

☏ Wie würde Ihre Firma dastehen, wenn sie auf die Qualitätsprodukte immer 15 Prozent Rabatt geben würde?

☏ (*Humorvoll*) Wie würde Ihr Gehalt aussehen, wenn Ihre Firma immer 15 Prozent Rabatt geben würde. Vielleicht würden Sie dann gar nicht mehr hier arbeiten.

☏ Gibt Ihre Firma 15 Prozent Rabatt auf ihre Produkte? Nein? Warum, denken Sie, ist das so?

☏ Wir haben in der Vergangenheit nie Rabatt gegeben. Wir geben heute keine Rabatte. Und wir werden in Zukunft auch keine Rabatte geben. Darf ich jetzt Ihren Auftrag notieren?

„Ich muß noch einmal mit meinem Chef darüber sprechen."

☏ Ja, welche Punkte müssen Sie denn noch mit Ihrem Chef besprechen? Vielleicht kann ich Ihnen helfen.

☏ Lassen Sie uns doch gemeinsam mit Ihrem Chef sprechen.

☏ Warum müssen Sie darüber noch mit Ihrem Chef sprechen?

☏ Gut, ich rufe Sie dann in einer Stunde wieder an. Falls dann immer noch Fragen offen sind, können wir die ja gemeinsam besprechen. Vielleicht durch eine telefonische Konferenzschaltung.

☏ Schauen Sie, ich kenne meine Produkte und präsentiere sie schon zwei Jahre. Warum sollen Sie meinen Job machen? Das beste wäre doch, wir sprechen beide gemeinsam mit Ihrem Chef.

☏ Lassen Sie uns das doch jetzt gemeinsam machen. Dann fällt die Entscheidung schneller, und Sie profitieren von dem Produkt bereits ab nächstem Monat.

☏ Da habe ich einen Vorschlag. Ich mache Ihnen eine Kopie meiner Präsentation auf Overheadfolien. Es wäre schön, wenn Sie dann zu mir ins Büro kämen. Dann könnten wir alles noch einmal durchgehen, damit Sie ein perfektes Gespräch führen können.

☏ Sind Sie sicher, daß Ihr Chef eine solch kleine Entscheidung selbst fällen muß?

☏ Wann werden Sie mit ihm sprechen? ... Prima, ich rufe dann morgen nachmittag sofort an.

☏ Ich denke, es ist von Vorteil, wenn ich direkt mit Ihrem Chef spreche. Denn ich kenne unser Produkt seit langem und weiß auch, welchen Nutzen es Ihrem Unternehmen bringt. Oder sollten wir das Gespräch besser gemeinsam führen? Was meinen Sie?

„Sie sind zu teuer."/„Ihr Preis ist zu hoch."

☏ Im Vergleich wozu?

☏ Wie teuer dürfte es Ihrer Meinung nach sein?

☏ Das bedeutet?

☏ Wonach beurteilen Sie den Preis eines Produkts oder einer Dienstleistung?

☏ Wenn der Preis unseres Mitbewerbers niedriger ist, was sagt Ihnen das?

☏ Sie wissen, Qualität hat seinen Preis. Wo können Sie denn an der Qualität Abstriche machen?

☏ Das kostet Sie 95 Pfennige pro Betriebsstunde. Weniger als ein Glas Bier.

☏ Sie wissen, das mit dem Preis ist immer so eine Sache. Dennoch kauft niemand nur das Billigste. Überlegen Sie einmal, wo Sie Ihren neuesten Anzug gekauft haben. Und, sagen Sie mir auch die Gründe? – Sehen Sie, genau diese Punkte … (Bumerangtechnik)

☏ Denken Sie einmal kurz nach, haben Sie sich schon einmal im nachhinein geärgert, weil Sie das Billigste gekauft haben?

☏ Sie glauben, daß unser Preis zu hoch ist? Würden Sie mir das erklären?

☏ Wir können den Preis jetzt sofort reduzieren, wenn Sie sich entscheiden, welche Punkte unseres Angebots entfallen können.

☏ Was ist wichtig für Sie und natürlich auch Ihre Firma: das billigste Produkt zu kaufen oder den besten Gegenwert für Ihr Geld zu erhalten?

☏ Um wieviel ist er zu hoch?

☏ Wenn wir billiger wären, bekäme ich dann hier und jetzt Ihren Auftrag? Gut, dann lassen Sie uns gemeinsam überlegen, wie wir das erreichen können.

☏ Warum glauben Sie, ist der Mitbewerber billiger?

☏ Ist nur der Preis ausschlaggebend, oder welche Gründe sind noch für Ihre Entscheidung maßgebend?

„Wir haben uns für die Konkurrenz entschieden.“

☏ Ist der Auftrag schon unterschrieben, oder haben Sie zunächst nur eine grundsätzliche Überlegung angestellt?

☏ Was waren die Gründe?

☏ Sehen Sie, Sie suchen doch einen langfristigen und zuverlässigen Partner. Mein Vorschlag: Teilen Sie doch den Auftrag in zwei Hälften. Dann können Sie bald entscheiden, wer für Sie der bessere Partner ist.

☏ Bevor Sie endgültig unterschreiben, rufen Sie doch mal die Firma Dressler an. Diese Firma arbeitet mit dem Mitbewerbsprodukt. Sprechen Sie dort mit Herrn Schwertfeger, und machen Sie sich selbst ein Bild. Denn schließlich geht es um Ihr Geld und eine langfristige Investition.

☏ Nach unseren vielen Unterredungen bin ich einfach objektiv der Meinung, daß Sie mit unserer Lösung am besten bedient sind. Ich würde gerne gerade diesen Auftrag erhalten. Was muß ich tun, damit dies in Ordnung geht?

☏ Wenn ich Ihnen meinen Service (mein Produkt) kostenlos anbieten würde, würden Sie dann mein Angebot annehmen? O. k., dann lassen Sie uns noch einmal überlegen, wie sich dieses Produkt (Dienstleistung) selbst bezahlt macht. Ich bin in einer Stunde bei Ihnen.

Auch für diese Antworten auf mögliche Einwände gilt:

Es gibt kein 100prozentiges Erfolgssystem, immer Sieger zu sein. Denken Sie an den Weitspringer Mike Powell. Aber durch gutes Training und Professionalität steigern Sie Ihre Erfolgsaussichten enorm. Dann stehen Sie oft oben auf dem Treppchen.

Die eine Formulierung wird Ihnen persönlich eher liegen als die andere. Vielleicht haben Sie sogar bessere, dann schreiben Sie mir. Sie werden dann in der nächsten Auflage mit Quellenangabe veröffentlicht.

Noch einmal die zwölf Schritte, die Sie in Ihrem Telefonskript berücksichtigen sollten:

1. Was sage oder frage ich in der Telefonzentrale?
2. Wie begrüße ich die Sekretärin, und warum soll sie mich weiterverbinden?
3. Wie schaffe ich es, den ChefMAN in den ersten zehn Sekunden für mein Angebot zu interessieren?
4. Wie schaffe ich es, obwohl ich ihn ja noch nicht kenne, eine Beziehung zu ihm herzustellen?
5. Wie wecke ich sein Interesse durch einen „Aufhänger"?
6. Wie stelle ich den Bedarf für mein Angebot fest?
7. Wie kann ich ihn weiter neugierig machen, indem ich ihm die Marktchancen präsentiere, die er hat, wenn er mein Produkt kauft (insbesondere bei Wiederverkäufern von Konsumgütern)?
8. Wie reagiere ich auf Vorwände und Einwände des Kunden?
9. Welches ist mein erstes Ziel, das ich als Ergebnis des Gesprächs erreichen möchte, welches mein zweites und welches mein Minimalziel?
10. Wie sieht dann die Vereinbarung aus, die ich mit dem Gesprächspartner definitiv treffe?
11. Meine zusätzliche Verkaufschance: auf jeden Fall nach einer Empfehlung fragen!
12. Der letzte Eindruck, den der Kunde von mir in diesem Telefongespräch hat, sollte genauso gut sein wie der erste: für das Gespräch bedanken und höflich verabschieden.

Das Telefonskript für die Mitarbeiter der Telefonzentrale und des Innendienstes

Eigentlich handelt es sich nicht um ein wirkliches Telefonskript. Es geht einfach darum, sich richtig und kundenorientiert zu melden, wenn ein Kunde anruft. Ich empfehle folgende Formulierungen:

„Einen schönen guten Morgen, hier ist die Firma Gabel Fördertechnik. Was kann ich für Sie tun?“

Oder:

„Guten Tag, Sie sprechen mit Katharina Lorenz von der Firma Gabel Fördertechnik. Was kann ich für Sie tun?“

Das alles natürlich mit Motivation, Lust und Herzlichkeit in der Stimme. Eben so, wie man seinen liebsten Gast begrüßt.

Mein Vorschlag: Sollten sich die Mitarbeiter Ihrer Telefonzentrale noch nicht so oder so ähnlich melden, bitten Sie sie, das ab sofort zu tun. Wie Sie das erreichen? Vielleicht, indem Sie die Mitarbeiter in Ihr Chefbüro zu Kaffee und Kuchen einladen. Wer dann die Telefonzentrale bedienen soll?

Na, Ihr Vertriebsleiter und/oder Ihr Marketingleiter. Damit sie erkennen, wie schwierig und wichtig zugleich dieser Job in der Telefonzentrale ist.

Das Telefonskript für Kundenanfragen

Wir haben bereits darüber gesprochen, wie entscheidend das Verhalten der Kollegen bei telefonischen Kundenanfragen ist.

Viele Unternehmen investieren Unsummen in die Ausbildung ihrer Außendienstmitarbeiter. Wenig wird in der Regel für die Innendienstmitarbeiter getan. Dabei hat, unbemerkt, der Innendienstmitarbeiter eine neue Rolle bekommen. Er wird zum entscheidenden Mitarbeiter für telefonische Kundenanfragen und für die Kunden-

Uhrzeit: ___:___ Datum:

TELEFONNOTIZ

An:

Anruf von: Herrn/Frau ....

Firma ....

☐ ruft wieder an am/um ....

☐ bittet um Anruf Tel. Nr. ....

Anrufer war:

Reklamiert wegen:

☐ Lieferzeit

☐ Falsch- / Fehllieferung

☐ Produkt

☐ Betreuung

☐ Service

Sonstiges

Text:

Was ist zu tun?:

Aufgenommen von:

betreuung nach dem Verkauf. Denn immer mehr Kunden greifen zum Telefon und wollen Hilfe für irgendein Problem.

Und oft ist der Außendienstmitarbeiter, der sie ja meistens betreut, dann nicht verfügbar.

☎ **Meine Empfehlung: Messen Sie einmal, wie viele Anrufe Ihre Innendienstmitarbeiter in den einzelnen Abteilungen täglich erhalten, und überlegen Sie dann, ob die Kollegen überhaupt Zeit genug haben, sich vernünftig um Ihre Kunden zu kümmern. Wie auch immer, Ihre Innendienstmitarbeiter müssen ganz einfach wissen, wie wichtig ein Telefongespräch mit einem Kunden ist und entsprechend trainiert und ausgebildet werden.**

Und so handelt es sich jetzt für die Innendienstmitarbeiter auch, wie bei der Telefonzentrale, weniger um ein Telefonskript als vielmehr um Gesprächsformulierungen. Mehr darüber gibt es dann noch im letzten Kapitel dieses Buches: „Noch mehr Power beim Telefonieren".

Also, wenn die Telefonzentrale verbunden hat: „Guten Tag, hier ist Susanne Meyer, was kann ich für Sie tun?"

Wenn Frau Meyer dann für das Problem nicht zuständig ist, sollte sie sorgfältig überlegen (und nicht einfach das Gespräch vom Tisch haben wollen), wer dem Kunden helfen könnte.

Und dann weitersprechen: „Frau Fonda, dafür ist mein Kollege Dirk Neumann zuständig. Ich verbinde Sie gleich."

Das klingt doch ganz anders als: „Dafür bin ich nicht zuständig, Moment mal."

Bevor Susanne Meyer an Dirk Neumann verbindet, erklärt sie ihm das Anliegen des Kunden. Damit dieser nicht alles zweimal erzählen muß.

„Frau Fonda, hier spricht Dirk Neumann. Susanne hat mir erklärt, daß irgend etwas mit Ihrer Lieferung nicht in Ordnung ist. Das werden wir gleich haben ..."

Wie gefällt Ihnen das? Telefonieren kann so angenehm entgegenkommend(?) sein!

PERSÖNLICHE NOTIZEN

„Verkaufen beginnt,
wenn der Kunde nein sagt,
alles andere ist nur verteilen."
Spruch meines Verkaufsleiters, 1965,
als ich Verkäufer wurde

10. Verkaufstechnik am Telefon

Unterschiede zwischen persönlichem und telefonischem Verkaufsgespräch

Eigentlich ist über das Verkaufen am Telefon schon fast alles gesagt. Sie wissen, daß wir eben keinen Sichtkontakt haben. Noch nicht! Allerdings beginnt man jetzt in Deutschland mit der Einführung von Bildtelefonen. Dann werden auch die letzten großen Vorteile des persönlichen Verkaufsgesprächs verschwinden: der direkte Sichtkontakt und daß man während des Verkaufsgesprächs etwas zeigen kann.

Eine Faszination der Telefonkommunikation wird allerdings darunter leiden: die Faszination, ausschließlich mit der Stimme zu kommunizieren. Und welch bunte Bilder malt doch unser Gehirn, wenn wir das erste Mal die tolle Telefonstimme einer Sekretärin hören. Den Damen geht es im übrigen umgekehrt genauso. Wenn man sich dann persönlich kennenlernt, kommt oft die große Ernüchterung.

Also: die Stimme macht den Unterschied beim telefonischen Verkaufsgespräch aus. Ein weiterer ist die Fähigkeit zuzuhören. Dabei muß man aufpassen, daß man nicht von den visuellen Eindrücken seiner Umgebung abgelenkt wird. Deshalb bietet gerade der Telefonverkauf oder der Telefonservice hochinteressante Arbeitsplätze auch für sehbehinderte Mitarbeiter. Und es gibt hierfür bereits hervorragende technische Entwicklungen.

Die Firma IBM hat beispielsweise für sehbehinderte Mitarbeiter eine spezielle Computertastatur entwickelt, die Textinhalte des Bildschirms auf die Tastatur überträgt. Damit kann der sehbehinderte Kollege über die Tastatur „lesen“, was im Bildschirm steht, beispielsweise das Telefonskript.

Ein telefonisches Verkaufsgespräch ist in der Regel auch kürzer als das persönliche Verkaufsgespräch. Dies bedeutet neben der Tatsache, daß natürlich auch dem Kunden am Telefon der persönlich Eindruck fehlt, er auch weniger Zeit hat, sich später nur an Ihre Stimme zu erinnern und das, was Sie gesagt haben. Hier hilft ein schnelles Telefax, das sich auf das Telefongespräch bezieht, um die Wirkung auf den Gesprächspartner zu verstärken.

Wenn Sie bisher alles richtig gemacht haben …

Ja, dann wird Ihnen telefonieren sicher in Zukunft noch mehr Freude bereiten. Wenn Sie mich fragen, was denn bisher die wichtigsten Punkte für den Erfolg beim Telefonieren sind, würde ich sagen:

- ⇨ Lust, Freude und Motivation für das Telefongespräch.
- ⇨ Das Beherrschen des APINA-Frage-Systems, und hier besonders die Kunst, gemeinsam mit dem ChefMAN Bedarf und Interesse des Kunden festzustellen.

Der Verkaufsabschluß

Jedes Verkaufsgespräch braucht einen Abschluß. Je besser Sie den Bedarf festgestellt haben, um so leichter fällt es Ihnen dadurch natürlich, mit dem Kunden eine Vereinbarung zu treffen. Das meiste dazu können Sie auch in den Textvorschlägen für die Ein-

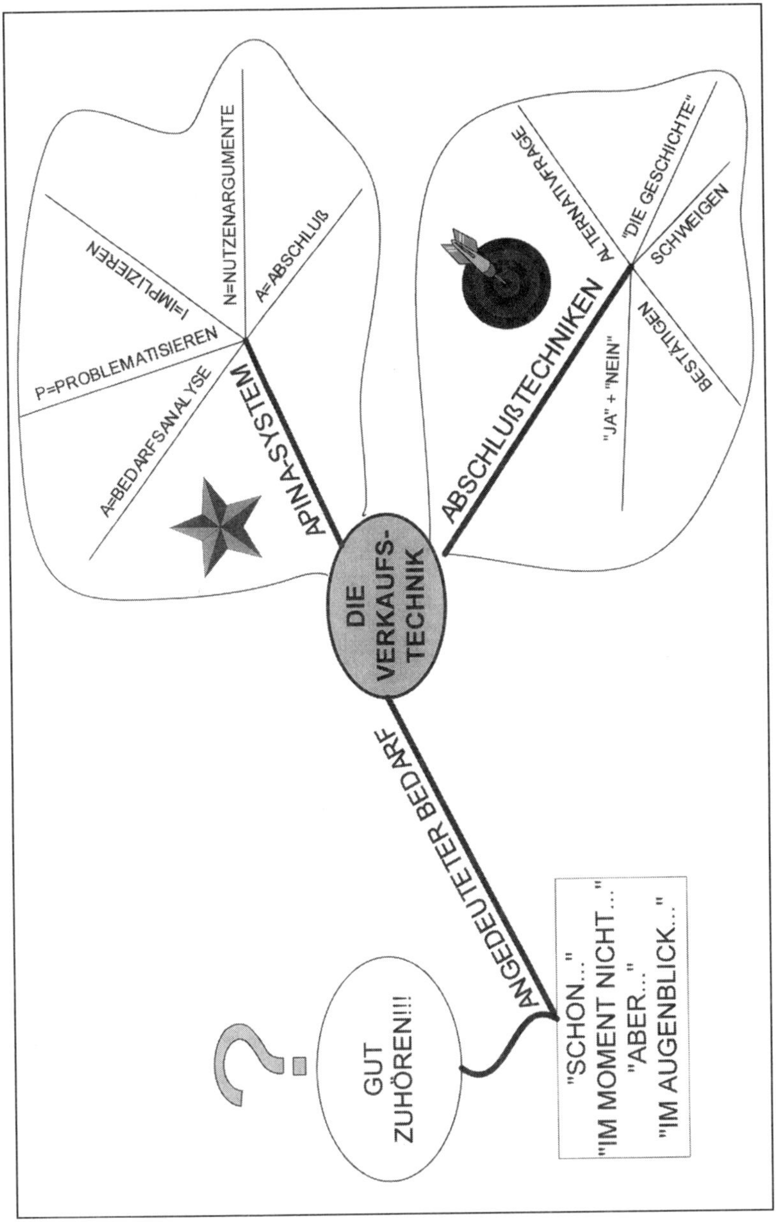
DIE VERKAUFS-TECHNIK
APINA-SYSTEM
A=BEDARFSANALYSE
P=PROBLEMATISIEREN
I=IMPLIZIEREN
N=NUTZENARGUMENTE
A=ABSCHLUß
ABSCHLUßTECHNIKEN
ALTERNATIVFRAGE
"DIE GESCHICHTE"
SCHWEIGEN
BESTÄTIGEN
"JA" + "NEIN"
ANGEDEUTETER BEDARF
"SCHON..."
"IM MOMENT NICHT..."
"ABER..."
"IM AUGENBLICK..."
GUT ZUHÖREN!!!

wandsbegegnung nachlesen. Dennoch möchte ich Ihnen hier noch einmal fünf Abschlußtechniken vorstellen:

1. Die Alternativtechnik

Sie haben in dem Gabelstapler-Gespräch gesehen, wie das funktioniert. Die Telefonverkäuferin stellt eine Alternativfrage:

„Herr Becker, welcher Termin ist Ihnen lieber, Freitagvormittag um 11 Uhr oder nächste Woche Dienstag im Laufe des Nachmittags?" Oder: „Wann benötigen Sie denn die Schreibmaschine, vor den Sommerferien oder erst Ende September?"

2. Die Technik des Zusammenfassens

Dabei werden die entscheidenden Punkte des Verkaufsgesprächs am Telefon noch einmal zusammengefaßt. „Herr Becker, ich fasse noch einmal zusammen: Sie benötigen auf jeden Fall explosionsgeschützte Stapler und haben zwei davon. Der eine ist schon zwölf Jahre alt. Und natürlich ist ein exzellenter Kundendienst für Sie wichtig. Genau darüber sollten wir gemeinsam sprechen …"

3. Die Technik des Bestätigens

Sie ist ebenso einfach wie wirkungsvoll. Wenn Herr Becker Ihnen erzählt hat, wie wichtig explosionsgeschützte Gabelstapler und ein guter Service sind, dann bestätigen Sie einfach: „Genau deshalb rufe ich Sie an. Mein Vorschlag, wir treffen uns zu einem persönlichen Gespräch."

4. Die Technik des Schweigens

„Herr Becker, nach dem, was Sie mir gesagt haben, sind unsere Neuentwicklungen sehr interessant für Sie. Mein Vorschlag, Sie überzeugen sich davon bei einem persönlichen Besuch in unserem Hause." (Schweigen!)

5. Die „Ja-oder-Nein“-Technik

Diese wenden wir an, wenn wir das Gefühl haben, der Kunde vertröstet uns immer wieder. „Herr Becker, jetzt haben wir schon so oft miteinander telefoniert, Sie haben selbst den neuen Gabelstapler gefahren und haben alle Unterlagen. Ich denke, es kostet Ihre Zeit und meine, wenn wir nicht weiterkommen. Deshalb meine Frage: Können wir nun zu einem gemeinsamen Ergebnis kommen, ja oder nein?“

Wir sprachen bereits davon, wie wichtig „Zuhören“ beim Telefonieren, aber auch im persönlichen Verkaufsgespräch ist. Dabei kommt es sehr auf das Erkennen „versteckter“ Kaufsignale an. Denn der Fall, daß der Kunde, nachdem Sie Ihr Anliegen vorgetragen haben, sagt: „Prima, daß Sie anrufen, wir wollen gerade zwei neue Gabelstapler kaufen“, ist eher selten, oder?

Wenn Sie fähig sind, sehr gut zuzuhören, werden Sie während eines Verkaufsgesprächs am Telefon jedoch eine Menge „versteckter“ Kaufsignale erkennen. Hier ist noch einmal das aufgeschriebene Originaltelefongespräch von Lydia Hausmann. Die meisten meiner Zuhörer antworten auf die Frage:

„Warum hat Herr Becker auf die Frage nach dem Termin ja gesagt, wo er doch während des Telefongesprächs offensichtlich kein Interesse signalisiert hat? Warum hat er sogar aus dem Nachbarbüro seinen Terminkalender geholt?“

„Die Telefonverkäuferin hat ihn mit der Alternativfrage: ‚Ja, Herr Becker, würde es Ihnen denn besser passen, wenn unser Berater Sie am 14.11. um 14 Uhr besucht oder lieber am 17.11. um 11 Uhr?‘ einfach überrumpelt.“

Und einige sprechen dann weiter: „Mir wäre das nicht passiert.“

In Ordnung, die alternative Abschlußfrage hat sicherlich dazu beigetragen, die letzte Hürde zum „Ja“ des Kunden zu nehmen. Sie erinnern sich doch: „Verkaufen beginnt, wenn der Kunde nein sagt.“

Das „Nein“ des Kunden oder die „versteckten“ Kaufsignale

Viel wichtiger war jedoch, daß Lydia Hausmann die zarten, versteckten Kaufsignale von Herrn Becker vernommen hat. Ich habe sie für Sie in dem Telefongespräch gekennzeichnet:

Lydia Hausmann:	Ja, guten Tag, mein Name ist Hausmann von der Firma Gabel Fördertechnik in Aschaffenburg. Mit wem spreche ich jetzt, bitte?
Sekretärin:	Mit der Lackfabrik Roth.
Lydia Hausmann:	Ja, wer ist denn in Ihrem Hause für die Betriebsleitung zuständig?
Sekretärin:	Für die Betriebsleitung?
Lydia Hausmann:	Ja.
Sekretärin:	Ja, das macht der Herr Becker selbst.
Lydia Hausmann:	Herr Becker selbst. Sind Sie denn da so nett und verbinden mich?
Sekretärin:	Ja, wie heißt Ihre Firma?
Lydia Hausmann:	Gabel Fördertechnik in Aschaffenburg.
Sekretärin:	Kleinen Moment mal.
Lydia Hausmann:	Danke.
Herr Becker:	(*sehr selbstbewußt*) Becker.
Lydia Hausmann:	Guten Tag, Herr Becker, mein Name ist Hausmann, Lydia Hausmann von der Firma Gabel Fördertechnik in Aschaffenburg.
Herr Becker:	(*sehr selbstbewußt*) Ja, Frau Hausmann, was kann ich für Sie tun?
Lydia Hausmann:	Herr Becker, Sie sind ja der Inhaber des Unternehmens. (*Pause*)
Herr Becker:	(*selbstbewußt*) So ist es!
Lydia Hausmann:	Und somit sicher auch zuständig, wenn es um den Einsatz und Einkauf von Gabelstaplern geht?
Herr Becker:	(*selbstbewußt*) So ist es, ja!
Lydia Hausmann:	Fein. Herr Becker, dann ist Ihnen möglicherweise bereits die Firma Gabler Fördertechnik bekannt als Linde Vertragshändler? (*Pause*)
Herr Becker:	Richtig, ja.
Lydia Hausmann:	Und wir möchten Ihnen gerne einmal die neuen Gabelstapler der Firma Linde vorstellen.

Herr Becker:	(*unterbricht*) Ja. Sie wissen, daß wir praktisch nur explosionsgeschützte Gabelstapler einsetzen?
Lydia Hausmann:	Das ist mir nicht bekannt.
Herr Becker:	Nicht bekannt. Wir sind 'ne Lackfabrik, und äh, wenn wir also innerhalb unserer Hallen, wo produziert wird ...
Lydia Hausmann:	Mhm ...
Herr Becker:	... gefahren wird, dann muß der also explosionsgeschützt sein.
Lydia Hausmann:	Ah, ja ...
Herr Becker:	Und davon haben wir zwei Stück und **im Moment** keinen Bedarf.
Lydia Hausmann:	Darf ich denn mal fragen, für welches Fabrikat Sie sich da entschieden haben?
Herr Becker:	Das sind Clark.
Lydia Hausmann:	Das sind aber dann Elektrostapler?
Herr Becker:	Nein, das sind Motor-, äh, explosionsgeschützte, äh, Stapler.
Lydia Hausmann:	Ja, und wie hoch ist denn da die Tragkraft der Stapler, Herr Becker?
Herr Becker:	1,2 Tonnen.
Lydia Hausmann:	1,2 Tonnen?
Herr Becker:	Ja.
Lydia Hausmann:	Und wie lange haben Sie die jetzt schon ungefähr im Einsatz?
Herr Becker:	Ja, der eine ist also **schon** zwölf Jahre im Einsatz und der andere sieben Jahre.
Lydia Hausmann:	Mhm, Herr Becker, wir möchten ja kein schnelles Geschäft mit Ihnen abschließen ...
Herr Becker:	Ja ...
Lydia Hausmann:	... sondern langfristig zusammenarbeiten.
Herr Becker:	Ja ...
Lydia Hausmann:	Und dazu würde Sie gerne unser Berater Herr Seite besuchen, um ein kurzes Gespräch mit Ihnen ...
Herr Becker:	(*unterbricht*) Ja, aber das ist also **im Moment** nicht erforderlich. Die Arbeit kann er sich sparen und auch den Zeitaufwand.
Lydia Hausmann:	Mhm ...

Herr Becker:	Denn, äh, wir werden also, hier haben wir gerade … in Waldorf haben wir also 'ne Zweigniederlassung, und die betreut unsere Geräte und wartet die auch, und da wird sich **also wahrscheinlich** gar nichts ereignen.
Lydia Hausmann:	Ja, Herr Becker, aber da Sie ja momentan gerade nur Clark-Stapler im Einsatz haben …
Herr Becker:	Ja …
Lydia Hausmann:	… ist es vielleicht für Sie doch interessant, einmal die neuen Erkenntnisse im Bereich Gabelstapler zu sehen, die die Firma Linde entwickelt hat?
Herr Becker:	Ja, das kann sein, **aber da muß er explosionsgeschützt sein**, und wie gesagt, also **im Moment** habe ich also nicht die Absicht, irgend 'nen Gabelstapler zu kaufen.
Lydia Hausmann:	Ja, Herr Becker, würde es Ihnen denn passen, wenn unser Berater Sie am 14.01. um 14 Uhr besucht oder lieber am 17.11. um 11 Uhr?
Herr Becker:	Ja, jetzt bin ich also an einem Platz, wo ich nicht meinen Terminkalender hab', Moment mal bitte, ja? (*geht in Nebenraum*)
Lydia Hausmann:	Ja.
Herr Becker:	Augenblick, hören Sie?
Lydia Hausmann:	Ja.
Herr Becker:	Am 14., das ist ein Montag, ja?
Lydia Hausmann:	Das …
Herr Becker:	Da habe ich also bereits schon 'nen Termin. Der 17. wäre frei, das ist also gleich nach dem Feiertag, ne?
Lydia Hausmann:	Richtig. Würde es Ihnen denn da um 11 Uhr schon passen?
Herr Becker:	11 Uhr paßt mir, ja.
Lydia Hausmann:	Ja.
Herr Becker:	Ja?
Lydia Hausmann.	Herr Becker, dann halten wir den Termin nochmal fest.
Herr Becker:	Ist recht.
Lydia Hausmann:	Am 17.11.
Herr Becker:	Ja.
Lydia Hausmann:	Um 11 Uhr, und zu Ihnen …

Herr Becker:	Wie heißt der Mann?
Lydia Hausmann:	... kommt Herr Seite.
Herr Becker:	Ja.
Lydia Hausmann:	Ich bedanke mich bei Ihnen.
Herr Becker:	Danke auch.
Lydia Hausmann:	Auf Wiederhören!
Herr Becker:	Auf Wiederhören!

Was heißt es, wenn der ChefMAN sagt: „Ja, der eine ist **schon** zwölf Jahre alt“ oder: „**Im Moment** kein Interesse“?

Ich empfehle Ihnen sehr, auf diese Aussagen der Kunden zu achten. Sie signalisieren einen Bedarf an Ihrem Angebot.

Hier weitere Beispiele:

- ⇨ schon x Jahre alt
- ⇨ im Moment nicht
- ⇨ aber ...
- ⇨ eigentlich ...
- ⇨ im Augenblick nicht
- ⇨ wahrscheinlich nicht
- ⇨ zur Zeit nicht
- ⇨ im Prinzip

Die tatsächlichen Gründe, warum Herr Becker zunächst kein Interesse an einem Besuch hatte, waren:

- ⇨ Er ist mit seinem bisherigen Lieferanten zufrieden.
- ⇨ Der Kundendienst ist vor Ort.
- ⇨ Er glaubt, daß nur der bisherige Lieferant explosionsgeschützte Stapler liefern kann.

Natürlich klappt das nicht immer so, wie in diesem Beispiel. Damit Sie aber eine größtmögliche Effizienz beim Telefonieren erzielen und die Chance haben, mit dem Interessenten weiter in Kontakt zu bleiben:

Setzen Sie sich mehrere Ziele

Besonders dann, wenn Ihre Bedarfsanalyse gezeigt hat, daß hier eine kurz-, mittel- oder langfristige Verkaufschance vorhanden ist.

Ziel Nummer 1 ist in unserem Fall der qualifizierte Termin. Falls der nicht erreichbar ist, Ziel Nummer 2 ansteuern. Dies könnte das Zusenden (Zufaxen) von interessanten, zielgerichteten Informationen sein. Beispielsweise in unserem Fall, wie Linde das Thema „Explosionsschutz" neu gelöst hat. Natürlich mit einem festen Telefontermin für den Wiederanruf. Auf jeden Fall Ziel Nummer 3 nicht vergessen: ein sympathisches Gespräch mit der Übereinkunft, auf jeden Fall wieder Kontakt aufnehmen zu dürfen.

Vergessen Sie nie die Frage nach der Empfehlung

... wie es Lydia Hausmann in diesem Gespräch leider nicht getan hat. Nutzen Sie die Chance, an zusätzliche Bedarfsadressen zu kommen. Na ja, vielleicht macht das in diesem Fall ja der Außendienstkollege bei seinem persönlichen Besuch.

PERSÖNLICHE NOTIZEN

„Das ist das ganze Geheimnis des Erfolgs – Timing."

Lee Iacocca (*1924), amerikanischer Automobilmanager

11. Wählen Sie die beste Anrufzeit, und Sie telefonieren viel effizienter

Was nutzt es, wenn Sie sich super vorbereitet haben, ein gutes Telefonskript geschrieben haben, die Verkaufstechnik absolut beherrschen – aber Ihren Gesprächspartner am Telefon nicht erreichen? Sicher, es wird immer schwieriger in unserer mobilen Zeit, den gewünschten Partner am Telefon anzutreffen. Aber oft liegt es auch daran, daß wir zur falschen Zeit anrufen.

Vor einigen Wochen hielt ich einen Vortrag über „Kundenservice" bei einem großen Hersteller von Baustoffen, genauer gesagt von Fassadenverkleidungen. Dieses Unternehmen hat bereits einen Telefonservice für Architekten eingerichtet. Über eine gebührenfreie 0130-Telefonnummer können sie fachliche Beratung, beispielsweise über Wärmedämmung oder Feuerschutz, bei einem Spezialistenteam einholen. Ich fragte den Vertriebsdirektor, wie denn dieser Service vom Kunden angenommen wird?

„Ganz gut", war die Antwort. Das Wörtchen „ganz" machte mich stutzig, und ich fragte nach: „Zu welchen Zeiten haben Sie denn Ihr Servicetelefon besetzt?" „Na, während unserer Kernarbeitszeit, von 8 Uhr 30 bis 16 Uhr 30."

Meine nächste Frage: „Wann, denken Sie denn, sind die Architekten von den Baustellen zurück und möchten Sie gerne anrufen, weil auf den Baustellen Fragen aufgetaucht sind?"

Der Vertriebsdirektor schaute mich an: „Sie haben ja recht. Wir sollten diesen Service von 17 Uhr bis 21 Uhr oder sogar 22 Uhr anbieten. Aber ich glaube, da macht unser Betriebsrat nicht mit."

Ja, der Betriebsrat. Ich kenne ein Unternehmen, das ist wegen irgendwelcher Betriebsvereinbarungen, die einfach in unserer schnellebigen Zeit nicht mehr durchführbar sind, fast pleite gegangen. Auf der anderen Seite hat man auch bei den Betriebsräten erkannt, daß Effizienz im Vertrieb und Service für den Kunden auch mitentscheidend für den Bestand und die Weiterentwicklung des Unternehmens und damit für den Erhalt der Arbeitsplätze sind.

☎ **Meine Empfehlung: Überlegen Sie genau, wann der Kunde in erster Linie den Wunsch hat, mit Ihnen zu telefonieren. Und richten Sie danach Ihren Service ein.**

Wissen Sie was „Modelling" bedeutet? Ich übersetze es einfach mit „Klauen". Klauen Sie doch einfach von erfolgreichen Unternehmen. Beispielsweise von Dell Computer. Das Unternehmen verkauft seine Personalcomputer direkt an den Endkunden, ohne Handel. Dies bedeutet:

⇨ Dell streicht die normale Handelsspanne von zirka 30 Prozent und mehr selbst ein.

⇨ Dell kann einen Teil dieses Verdienstes in einen exzellenten Kundenservice investieren.

⇨ Wie man weiß, gibt es in jeder Branche gute und weniger gute Händler. Oft hat der Hersteller darauf keinen Einfluß oder muß ganz einfach mit den Gegebenheiten leben. Dell kann durch den Direktverkauf und den 24-Stunden-Telefonservice die Qualität von Verkauf und Service selbst bestimmen und blitzschnell reagieren.

⇨ Dell ist in seiner Branche seit vielen Jahren Nummer 1 in Punkto Kundenzufriedenheit in den USA und Europa.

⇨ Dell verdient, als einer der wenigen PC-Hersteller, Geld.

Oder schauen Sie sich die Citibank Privatkunden AG, die frühere KKB Bank, an. Diese Bank betreut in erster Linie Privatkunden.

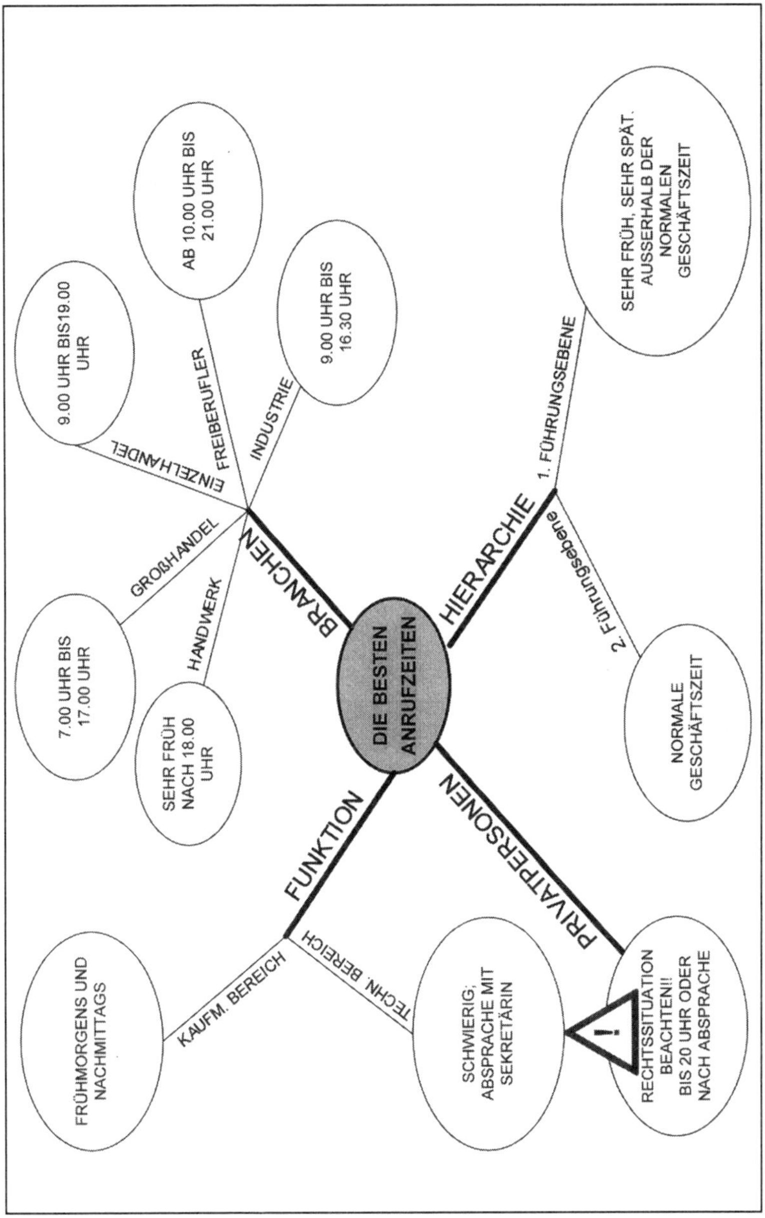
DIE BESTEN ANRUFZEITEN
BRANCHEN
EINZELHANDEL
9.00 UHR BIS19.00 UHR
FREIBERUFLER
AB 10.00 UHR BIS 21.00 UHR
INDUSTRIE
9.00 UHR BIS 16.30 UHR
GROßHANDEL
7.00 UHR BIS 17.00 UHR
HANDWERK
SEHR FRÜH NACH 18.00 UHR
HIERARCHIE
1. FÜHRUNGSEBENE
SEHR FRÜH, SEHR SPÄT. AUSSERHALB DER NORMALEN GESCHÄFTSZEIT
2. Führungsebene
NORMALE GESCHÄFTSZEIT
FUNKTION
KAUFM. BEREICH
FRÜHMORGENS UND NACHMITTAGS
TECHN. BEREICH
SCHWIERIG; ABSPRACHE MIT SEKRETÄRIN
PRIVATPERSONEN
!
RECHTSSITUATION BEACHTEN!! BIS 20 UHR ODER NACH ABSPRACHE

Vor sieben Jahren hat man Telefonmarketing und Telebanking eingeführt. Das sind einige der Angebote, die per Telefon angeboten werden:

- ⇨ Die Kunden können rund um die Uhr anrufen und ihre Standardbankgeschäfte per Telefon abwickeln. Beispielsweise Daueraufträge ändern, Überweisungen tätigen und sogar sich Bargeld per Post zuschicken lassen. Schalteröffnungszeiten gibt es nicht, die Bank ist per Telefon für den Kunden da, wenn der Kunde sie braucht und nicht umgekehrt.
- ⇨ Telefonkontakter weisen die Bankkunden darauf hin, wenn sie zum Beispiel einige Monate einen zu hohen Betrag auf dem Girokonto haben und zuwenig Zinsen erhalten. Per Telefon werden dann diese Kunden zu einem Beratungsgespräch in die vom Kunden gewünschte Bankfiliale eingeladen. Per Computer ist der zuständige Mitarbeiter der Filiale informiert und hat auch Zeit für ein qualifiziertes Beratungsgespräch. Das telefonische „Dankeschön" nach dem Besuch des Kunden in der Filiale ist selbstverständlich.
- ⇨ Die Citibank Privatkunden AG ist nun bereits im fünften Jahr von der kritischen Verbraucherzeitung DM als kundenorientierteste Verbraucherbank ausgezeichnet worden.
- ⇨ Diese Bank ist eine der wenigen, die im sogenannten Mengengeschäft, also bei den kleineren Kunden, Geld verdient.

Lernen wir also von den erfolgreichen Unternehmen, und stehlen wir durchaus die Ideen, die für unser Geschäft, aber insbesondere für unsere Kunden gut sind.

Und wenn wir unsere Kunden anrufen, sollten wir dann zum Hörer greifen, wenn die Chance, sie zu erreichen, am größten ist.

Empfehlungen nach Branchen

Hier einige Erfahrungswerte aus vielen Tausenden von Telefongesprächen:

Handwerker	frühmorgens bis 8 Uhr, eventuell in der Mittagspause, nach 17 Uhr; auch Samstag vormittags
Anwälte	nachmittags, außer mittwochs
Freiberufler	ab 10 Uhr, spätnachmittags und am frühen Abend
Einzelhandel	von 9 Uhr bis 19 Uhr, außer Mittagspause
Ärzte	nicht während der Sprechstunde; erfragen Sie die Zeiten bei der Sekretärin oder Arzthelferin
Großhandel	von 7 Uhr 30 bis 17 Uhr, außer Mittagspause
Industrie	von 9 Uhr bis 16 Uhr 30
Europa und Übersee	Zeitverschiebung und besondere Mentalitäten beachten (zum Beispiel Siesta in Spanien)

Empfehlungen nach Funktionen

Erste Führungsebene Kaufmännischer Bereich	frühmorgens und am frühen Abend; stimmen Sie die Zeit mit dem Sekretariat oder auch der Telefonzentrale (Durchwahltelefonnummer) ab
Erste Führungsebene Technischer Bereich	sehr schwierig direkt zu erreichen; Hilfe von Sekretärin erforderlich
Management Marketing und Vertrieb	am besten vormittags, außer montags und freitags
Einkauf und sonstige Fachabteilungen	zur normalen Geschäftszeit

Es ist klar, daß dies nur Anhaltspunkte sein können. Zudem leben wir im Augenblick in einer Zeit, wo sich das Telekommunikationsumfeld stetig wandelt. Darauf müssen Sie auch achten und können diesen Wandel zu Ihrem Vorteil nutzen.

Beispiele:

⇨ Immer häufiger sind unsere Geschäftspartner auch über das Funktelefonnetz zu erreichen. In Ihre Kartei gehört deshalb auch die Funktelefonnummer.

⇨ Viele Manager verfügen an ihrem Schreibtisch über ein eigenes Faxgerät. In Ihre Kundenkartei gehört auch diese Faxnummer.

⇨ Im Zuge der Internationalisierung und der damit verbundenen Zeitverschiebung in der Geschäftswelt investieren immer mehr Unternehmen in Voice-Mail- und Voice-Response-Systeme. (Es handelt sich im Prinzip um sehr leistungsfähige Anrufbeantworter.) Auf diese Voice Computer können Mitarbeiter eines Unternehmens direkt per Telefon zugreifen, um Nachrichten zu versenden beziehungsweise abzurufen. Gibt es so etwas, dann gehört die entsprechende Telefonnummer in Ihre Kundenkartei.

- ⇨ Und vergessen Sie die private Telefonnummer nicht, wenn Sie die Erlaubnis haben, auch privat anrufen zu dürfen.

Nutzen Sie die „besonderen Umstände"

Für mich sind die Nachrichten der täglichen Wirtschaftspresse und Artikel in Managementmagazinen oft ideale Anlässe, um die Chef-MANs anzurufen. Dabei schlage ich drei Fliegen mit einer Klappe:

- ⇨ Nach einem solchen Artikel ist der Anrufanlaß einfach ideal, da ich aktuelle Informationen über das Unternehmen habe und mich beim Gespräch darauf beziehen kann.
- ⇨ Ich habe überhaupt keine Probleme, einen interessanten Aufhänger für mein Gespräch zu finden.
- ⇨ Und gerade bei Bestandskunden oder Kunden, die ich schlicht und einfach einige Zeit „vergessen" habe, zeige ich mit meinem Anruf, daß mich das Unternehmen interessiert, daß ich es beachte.

Meine Empfehlung: Zeigen Sie Ihren Kunden, daß Sie ihr Geschäft interessiert. Beispielsweise dadurch, daß Sie auf einen Artikel hin anrufen oder ein Telefax schicken.

„Good News" und „Bad News" aus der Wirtschaftspresse

Es gibt einen Teil meiner Zeitung, den ich jeden Tag lese: den Wirtschaftsteil. Neben mir liegen spezielle Faxformulare, eine Schere und ein Klebestift. Lese ich etwas über einen Kunden oder ein Unternehmen, das mich interessiert, schneide ich den Artikel aus, klebe ihn auf mein Formular und versehe ihn mit einer handschriftlichen Notiz.

PERSÖNLICHES FAX

Für: Herrn Herbert Kohlmann

Von: Günter Greff

(Sollte dieses Fax nicht einwandfrei übertragen worden sein, bitte rufen Sie an: 069/69 35 67)

Soeben gelesen in: Impulse

NEUER DOLMETSCHERDIENST FÜRS AUSLANDSGESCHÄFT

Mit jedem Land der Welt auf deutsch telefonieren

Auch ohne perfekte Sprachkenntnisse lassen sich Geschäftskontakte per Telefon in alle Welt herstellen. Denn jetzt können Unternehmer für insgesamt 72 Fremdsprachen ganz einfach einen Übersetzerdienst buchen, der sich in die Telefonleitung einklinkt und so die Geschäftsverhandlungen erleichtert

■ VON WINFRIED KRETSCHMER

Die deutsch-französische Verständigung erlebte einen neuen Höhepunkt. In einer telefonischen Konferenzschaltung zwischen dem Darmstädter Unternehmer Rainer Diehl, der impulse-Redaktion in Köln sowie dem französischen Marketingleiter des Dolmetscherdiensts Translatel in Paris verstand jeder jeden.

Zu verdanken war die mühelose Konversation einem weiteren Teilnehmer im internationalen Telefonverbund: dem Dolmetscher von Translatel, der mit am westlichen Ende der Leitung, in Paris, saß. Arnaud Briands Aufgabe war es, die Fragen und Antworten der drei Gesprächspartner jeweils ins Deutsche oder Französische zu übersetzen.

Seit über einem Jahr, allerdings noch weitgehend unbeachtet, bietet Translatel seine Dienste auch in Deutschland an. Dort agiert das Unternehmen von Saarbrücken aus, dem Sitz der 1988 von der Deutschen Bundespost und der France Telecom gemeinsam gegründeten Translatel-Muttergesellschaft Eucom. Peu à peu bietet Translatel all das, was bislang für deutsche Firmen nur via Paris möglich war. Den Umweg über Frankreich mußte auch noch Rainer Diehl gehen. Er machte mit dem französischen Unternehmen gleich gute Erfahrungen. »Mit Hilfe von Translatel konnte ich in Frankreich auf Anhieb zwei neue Kunden gewinnen«, lobt der Inhaber der Diehl-Druck GmbH, die für zahlreiche Pharma- und Kosmetikhersteller Beipackzettel druckt, den neuen Service. »Zuerst haben wir auf eigene Faust versucht, die französischen Kunden per Fax in Englisch anzusprechen«, schildert Diehl seine Akquisitionsbemühungen, »doch das ging schief.«

Erst im direkten Gespräch am Telefon mit Hilfe der Translatel-Dolmetscher gelang es ihm, den Kontakt festzuzurren. Die Kosten des Übersetzungsdiensts haben sich für Diehl so bereits bezahlt gemacht. Und die halten sich in Grenzen: Denn Translatel berechnet nur die Zeit, in der es auch wirklich arbeitet.

Für jede Minute Übersetzung in die Sprachen Englisch, Französisch, Italienisch, Portugiesisch und Spanisch werden rund 9 Mark plus Mehrwertsteuer in Rechnung gestellt. Immer vorausgesetzt, die Verbindung kommt zustande. Die Übersetzung in andere Sprachen kostet ungefähr 12 Mark pro 60 Sekunden. Obendrauf kommen natürlich noch die landesüblichen Telefongebühren für die Dauer des Gesprächs.

Dabei ist die Geschäftsanbahnung mit Translatel problemlos: Entweder trifft der Kunde eine schriftliche Vereinbarung über einen direkten Zugriff mit Kundennummer und Geheimcode oder er benutzt den Dolmetscherservice mit einer Eurocard- oder Visa-Kreditkarte. In beiden Fällen gibt der Kunde in einem ersten Gespräch mit Translatel die Sprache des Geschäftspartners, dessen Name und Rufnummer an.

***Überwindet Sprachbarrieren:** Philippe Ricard, Geschäftsführer des Dolmetscherdiensts Translatel, hat ständig 270 Dolmetscher zur Verfügung, die am Telefon übersetzen.*

Zusätzlich beschreibt der Translatel-Klient das Gesprächsthema und erläutert Fachausdrücke, die in der Unterhaltung vorkommen. Daraufhin stellt der Dolmetscher die Verbindung her und übersetzt unmittelbar nach den Gesprächsbeiträgen der Teilnehmer (Fachwort: konsekutiv) in die jeweilige Sprache. Auch ausgefallene Fremdsprachen wie Koreanisch oder Finnisch dolmetschen die mehr als 270 Übersetzer des französischen Postdiensts. Insgesamt beherrschen sie 72 Sprachen aus aller Welt, bis hin zu Suaheli.

Die Arbeitszeit von Translatel ist zudem kundenfreundlich und günstig für Telefonate in alle Welt: Montags bis freitags von jeweils 8 bis 19 Uhr können Kunden den Dienst beanspruchen. ■

INNOVATION

148 impulse

Notizen

Hallo Herr Kohlmann,

wäre das nicht etwas für Wilhelmshaven?

Ich rufe Sie an!

Günter Greff

Beispielsweise:

„Ich habe gerade von Ihrer Pressekonferenz gelesen, gratuliere!“ Oder: „Ich habe gerade im Handelsblatt von Ihren Geschäftsplänen im Ausland gelesen. Dazu habe ich eine Idee. Ich rufe Sie so gegen 17 Uhr an.“

Wie bereits gesagt, es wirkt nicht immer, aber immer öfter.

Empfehlungen, Empfehlungen, Empfehlungen

Die beste Anrufzeit kann auch sein, wenn Sie gerade mit einem Bestandskunden über ein anderes Unternehmen gesprochen haben. Wenn es hier interessante Informationen für Sie gibt, fragen Sie Ihren Kunden, ob Sie die Information verwenden können und sich auf ihn berufen dürfen. Kaum etwas wirkt besser als Referenzen und Empfehlungen.

PERSÖNLICHE NOTIZEN

„Ein Redner ist einer, der bewirkt,
daß die Menschen mit den Ohren zu sehen vermögen.“
Arabisches Sprichwort

12. Die Bedeutung von Stimme, Sprache und Zuhören beim Telefonieren

Was ist eine „gute Telefonstimme“?

Die Geschichte kennen Sie schon. Es ist der Wettkampf zwischen den Telefonfirmen AT & T und Sprint um die Telefonanschlüsse in dem neuen Haus meines Freundes George in Seattle.

Warum, glauben Sie, hat die Telefonverkäuferin mit der sexy Stimme den Auftrag doch nicht bekommen? Ich bestreite natürlich nicht, daß gerade der Telefonstimme eine sehr große Bedeutung zukommt. Aber Achtung, die beste Lösung ist die, daß eine angenehme Stimme zusammenwirkt mit Fachkompetenz, Reaktionsschnelligkeit und einer gehörigen Portion verkäuferischem und unternehmerischem Denken.

Denn insbesondere, wenn Sie den Verkauf, wie beispielsweise die Firma Gabel Fördertechnik, durch Mitarbeiterinnen unterstützen, die die Termine vorbereiten, muß die Telefonverkäuferin nach der Bedarfsanalyse feststellen, ob sich der Termin lohnt oder nicht. Denn nichts ist frustrierender für den Verkäufer beim Termin, wenn der Kunde sagt: „Ich brauche nichts, aber die Dame hatte eine so nette Stimme.“

Viel wichtiger sind andere Dinge, wie beispielsweise schnelle Reaktionen auf Bedürfnisse des Kunden. Wie der Verkäufer der Telefongesellschaft Sprint. Er hat sofort erkannt, worauf es ankommt und den Antrag für die Telefonanschlüsse zugefaxt. Dieses Erkennen, was jetzt für den Kunden wichtig ist, und das konsequente Handeln machen den Profi am Telefon aus.

Körpersprache beim Telefonieren

Über die „lange Leitung“ für Ihren Telefonapparat haben wir auch schon gesprochen. Sie werden feststellen, wie angenehm es ist, beim Telefonieren aufzustehen und gestikulierend auf- und abgehen zu können. Der Kunde hört Ihre Körpersprache, die Frische und die Bewegung in Ihrer Stimme. Wie man überhaupt am Telefon viel heraushört. Wie oft haben Sie schon mit Freunden und auch Geschäftsleuten telefoniert und einfach gespürt, daß irgendetwas anders oder nicht in Ordnung ist. Auf Ihre Frage: „Sag' mal, ist etwas?“ oder „Sie klingen so anders, geht es Ihnen nicht gut?“ erhalten Sie dann meistens die Bestätigung für Ihre Vermutung.

Und für das gute, frische Klingen der Telefonstimme ist die Körpersprache von großer Bedeutung. Wenn ich eine Telefonverkaufsabteilung für den Konsumgüterbereich einrichte, empfehle ich oft, während des Verkaufsgesprächs das Produkt, wenn möglich, anzufassen.

Dazu ist es nötig, mit Kopfhörer und Mikrofon zu telefonieren. Dann haben Sie beide Hände frei zum Gestikulieren. Sie können unbesorgt, ohne daß Ihnen der zwischen Kopf und Schulter eingeklemmte Telefonhörer auf die Schreibtischplatte fällt, in Unterlagen und Prospekten blättern. Und Sie können auch das Produkt, das Sie anbieten möchten, in die Hand nehmen.

Auch die Telekom bietet heute bereits Telefonapparate an, die wahlweise mit normalem Hörer oder mit Kopfhörer und Mikrofon genutzt werden können. Haben Sie keine Angst davor, daß Sie beim Telefonieren wie ein Diskjockey aussehen. Und selbst wenn, Sie werden sehen, wieviel leichter und angenehmer die Telefonkommunikation wird. Und noch eins, durch das Sprechwerkzeug (so

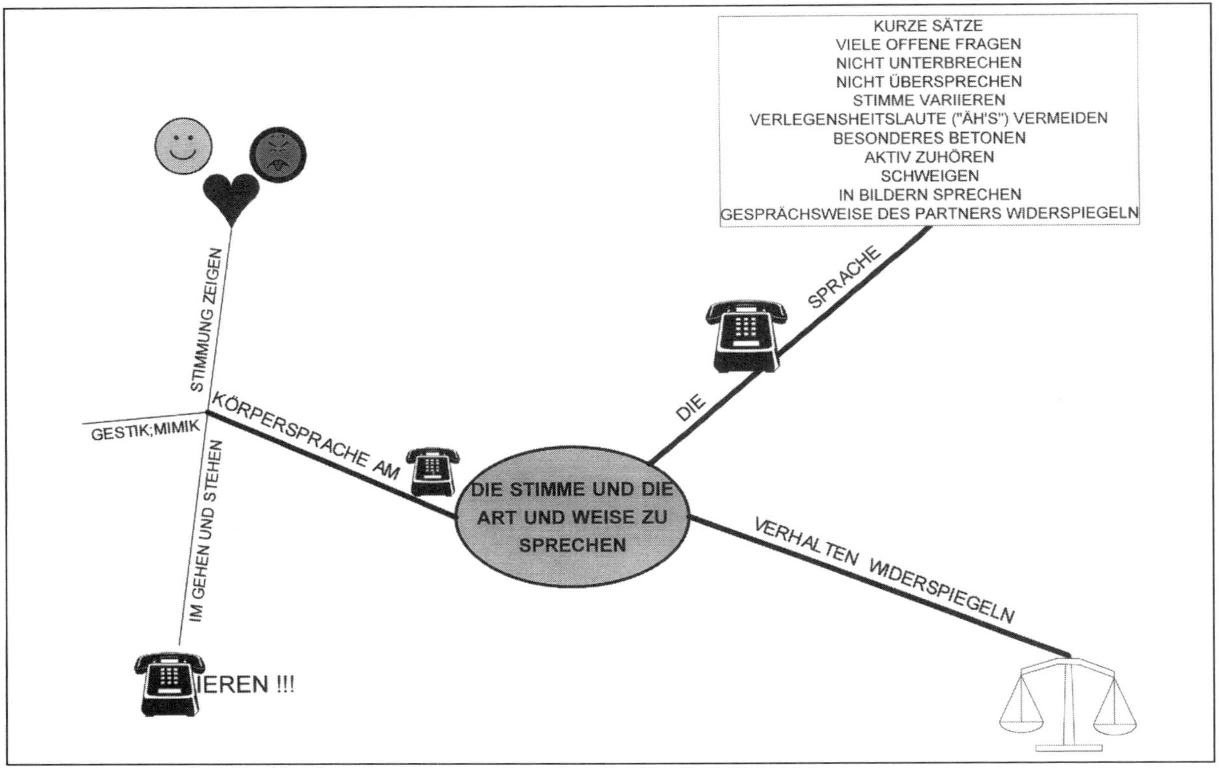
KURZE SÄTZE
VIELE OFFENE FRAGEN
NICHT UNTERBRECHEN
NICHT ÜBERSPRECHEN
STIMME VARIIEREN
VERLEGENSHEITSLAUTE ("ÄH'S") VERMEIDEN
BESONDERES BETONEN
AKTIV ZUHÖREN
SCHWEIGEN
IN BILDERN SPRECHEN
GESPRÄCHSWEISE DES PARTNERS WIDERSPIEGELN
STIMMUNG ZEIGEN
GESTIK;MIMIK
KÖRPERSPRACHE AM
IM GEHEN UND STEHEN
IEREN !!!
DIE
SPRACHE
DIE STIMME UND DIE ART UND WEISE ZU SPRECHEN
VERHALTEN WIDERSPIEGELN

nennt es die Telekom) haben Sie immer den optimalen Abstand zwischen Ihren Lippen und dem Mikrofon. Und das sorgt für eine gute Verständigung.

13 Empfehlungen für eine gute Telefonsprache

Wir haben über das Telefonskript bereits gesprochen. Und darüber, daß geschriebener Text und gesprochene Sprache doch sehr unterschiedlich sind. Meine Empfehlung deshalb: Diktieren Sie Ihr Telefonskript, oder sprechen Sie es auf Tonband. Und achten Sie auf folgende Punkte:

1. Sprechen Sie in kurzen Sätzen

Kurze Sätze sind einfacher zu sprechen, und der Inhalt ist von Ihrem Gesprächspartner leichter zu verstehen und zu behalten.

2. Setzen Sie auf APINA

Achten Sie darauf, daß der Anteil an Fragen, besonders im ersten Teil des Telefongesprächs, deutlich größer ist als die Informationen, die Sie abgeben.

Dies bedeutet auch, daß der Gesprächsanteil Ihres Gesprächspartners deutlich größer sein sollte.

3. Unterbrechen und übersprechen Sie Ihren Gesprächspartner nicht

Umgekehrt, wenn Ihr Telefonpartner Ihnen ins Wort fällt, hören Sie auf zu sprechen. Überlassen Sie ihm den Vortritt, denn schließlich sind Sie ja per Telefon Gast in seinem Büro. Und Sie sollten zuhören, was Ihr Partner sagt, denn reden und gleichzeitig zuhören geht nicht – probieren Sie es mal!

4. Variieren Sie Ihre Stimme

Sprechen Sie nicht monoton. Heben und senken Sie die Stimme.

5. Passen Sie die Sprechgeschwindigkeit Ihrem Gesprächspartner an

Wenn Sie mit einem Langsamsprecher telefonieren, und Sie sprechen zu schnell, wirkt das für Ihren Gesprächspartner unangenehm und aufdringlich. Sprechen Sie bei einem dynamischen Schnellsprecher zu langsam, wirkt das auf ihn womöglich einschläfernd.

6. Vermeiden Sie Verlegenheitslaute

Diese „Ähs", „Hms" usw. machen keinen guten Eindruck. Sie vermeiden sie, wenn Sie in kurzen Sätzen sprechen und gut vorbereitet sind.

7. Betonen Sie Besonderes

Starke Argumente für Ihr Angebot sollten Sie besonders betonen. Das geht, mit Hilfe Ihrer Stimme, durch eine Wiederholung des Arguments und auch durch eine Sprechpause nach dem betont Gesagten.

8. Hören Sie aktiv zu

Wenn Sie in einem persönlichen Verkaufsgespräch sind, können Sie Zustimmung zu dem, was der Gesprächspartner sagt, beispielsweise durch Kopfnicken kundtun. Beim Telefonieren signalisieren Sie dies durch das aktive Zuhören. Das kann ein einfaches „Ja" sein, bei dem das „a" beim Sprechen angehoben wird. Das können aber auch kleine Zwischenbemerkungen sein, wie beispielsweise: „Das klingt gut" oder „Das hört sich interessant an" usw.

9. Lernen Sie die Kunst des Schweigens

Pausen in einem Gespräch können eine ungeheuere Wirkung haben. Es ist klar, daß Sie nach einer Frage an den Gesprächspartner schweigen und sich nicht selbst die Antwort geben (es sei denn, Sie machen das geplant). Aber auch sonst, beispielsweise nach einer Aussage des Gesprächspartners, kann Schweigen sehr wirkungsvoll sein. Der Gesprächspartner kann dadurch etwa das Gefühl haben, daß er Ihnen weitere Informationen geben muß oder daß Sie mit irgend etwas nicht so ganz einverstanden sind. Auch im Verkaufsabschluß verfehlt das Schweigen des Verkäufers manchmal nicht seine Wirkung.

10. Sprechen Sie mit bildhaften Vergleichen

Alle Menschen behalten Bilder besser als Sprache. Da wir beim Telefonieren nichts zeigen können, uns also die visuelle Darstellbarkeit fehlt, ist es von Vorteil, in einer bildhaften Sprache zu sprechen. Das liegt auch daran, daß wir damit die rechte Gehirnhälfte des Gesprächspartners aktivieren und er unser Angebot besser in Erinnerung behält. Einige Bespiele:

- ⇨ Der Computer ist **kinderleicht** zu bedienen.
- ⇨ Das Wasser ist **kristallklar**.
- ⇨ Der Sand ist **weiß wie Schnee**.
- ⇨ **Wie eine Perlenkette** aneinandergereit liegen die Inseln im tiefblauen Wasser der Karibik.
- ⇨ Die Farbe ist **ferrarirot**. Damit werden Sie viel Bewunderung erregen.

11. Beeinflussen Sie durch bewußtes Anheben oder Absenken Ihrer Stimme am Satzende

Achten Sie einmal bei Ihrem nächsten Telefongespräch auf diesen Punkt. Auch wie Ihr Gesprächspartner spricht. Anheben der Stimme am Satzende signalisiert im Unterbewußtsein: „Das ist interessant, bitte sprich weiter ..." Im Gegensatz dazu bedeutet das Absenken der Stimme: „Es ist genug, mache bitte Schluß ..." Meistens geschieht das Anheben und Absenken der Stimme am Satzende unbewußt. Sie können diese Technik aber auch gezielt einsetzen. Anheben beispielsweise, um den Gesprächspartner zum Weiterreden zu bewegen. Absenken um „Vielredner" zu stoppen.

12. Sagen Sie auch einfach einmal etwas „so ganz beiläufig"

„Also ich sage Ihnen jetzt etwas, das können Sie aber gleich wieder vergessen ..." Wetten, daß Sie es nicht vergessen? Ich benutze diese Formulierung oft zu Beginn bei meinen Seminaren, um den Teilnehmern zu zeigen, daß sie gerade diese Aussage am Ende des Seminars besonders gut behalten haben.

13. Fragen Sie lieber zuviel als zuwenig

Wenn Sie bekommen wollen, was Sie sich wünschen, fragen Sie. Fragen Sie voller Überzeugung. Denn nur, wenn die Überzeugung beim Fragen in Ihrer Stimme mitklingt, können Sie überzeugen!

PERSÖNLICHE NOTIZEN

„Man hat seine eigene Wäsche,
man wäscht sie mitunter.
Man hat seine eigenen Wörter,
man wäscht sie nie.“

Bertolt Brecht (1898–1956),
zeitkritischer deutscher Dramatiker und Lyriker

13. So kommunizieren Sie noch besser am Telefon

Haben Sie auch schon das Gefühl gehabt, daß Ihr Gesprächspartner an Ihnen vorbei geredet hat? Oder daß Sie etwas gesagt haben, und der andere hat Sie einfach nicht verstanden?

Beschreibungen ein und derselben Sache fallen bei verschiedenen Menschen oft sehr unterschiedlich aus. Warum ist das so? Warum ist es schwierig, am Telefon oder auch im persönlichen Gespräch, einen Vorgang, Vorteile eines Produkts oder einer Dienstleistung, so zu beschreiben, daß beim Gesprächspartner die gleiche Vorstellung, das gleiche Bild, wie beim Verkäufer entsteht? Warum entstehen diese Mißverständnisse?

Bevor wir auf diese Fragen näher eingehen, lesen Sie sich doch zunächst die folgenden Beispiele durch. Ein Immobilienverkäufer beschreibt am Telefon einem Interessenten ein Haus. Lesen Sie sich die nachfolgenden Beispiele in aller Ruhe durch, und überlegen Sie, welches Haus Sie am meisten anspricht.

1. Beschreibung

Es handelt sich um ein sehr pittoreskes Wohnhaus. Sie werden begeistert sein, wenn Sie es sich ansehen. Der weiße Kiesweg, die bunten Weinreben am Giebel, die pfirsichfarbene Umzäunung. Die vielen Fenster sind sehr groß, so daß zu jeder Tageszeit alle Räume sehr hell sind. Und der große Garten mit den bunten Hecken. Da gibt es jeden Tag tausend neue Dinge zu sehen und zu entdecken.

2. Beschreibung

Das Wohnhaus liegt an einer ruhigen Straße. Die Einrichtung spricht in ihrer Eleganz für sich. Hinter dem großen Garten beginnt direkt der Wald. Das Zwitschern der Vögel hören Sie bis auf die Terrasse. Ich war gestern abend noch einmal auf diesem Anwesen. Es ist wirklich ein Traum, wenn man in der Dämmerung dort spazieren geht und dem Flüstern des Windes zuhört.

3. Beschreibung

Das Haus ist am Telefon sehr schwer zu beschreiben. Sie müssen einfach hinfahren und das ganze Anwesen auf sich wirken lassen. Die solide Konstruktion, die stabilen Fenster und Türen, die alte Holztreppe und die massiven Balken in dem großen Kaminzimmer. So wird heute gar nicht mehr gebaut. Dazu der große Garten mit dem alten Baumbestand. Das gesamte Anwesen ist mit einem massiven Holzzaun umgeben.

Was denken Sie, wenn Sie der Interessent wären, welche Beschreibung hätte Sie am ehesten angesprochen? Daß es sich um ein und dasselbe Haus handelt, das haben Sie sicher bemerkt. Der Immobilienverkäufer hat es nur auf drei unterschiedliche Arten beschrieben. Warum? Darüber erfahren Sie jetzt mehr.

Im Jahr 1979 fanden zwei amerikanische Wissenschaftler, Bandler und Grinder, ein Naturwissenschaftler und ein Sprachwissenschaftler, heraus, daß jeder Mensch zu bestimmten Sinnen beziehungsweise bestimmten Teilen seines Nervensystems besonders enge Beziehungen hat: zu den Augen, zu den Ohren und zu den Händen. Dementsprechend gibt es eher visuell orientierte Menschen, die besonders auf Bilder reagieren, eher audioorientierte

Menschen, die auf Töne und Geräusche ansprechen oder eher körperspracheorientierte Menschen, die etwas fühlen oder anfassen müssen, bevor sie kaufen.

Bandler und Grinder nannten ihr System NLP, die Abkürzung steht für Neuro-Linguistisches-Programmieren. Zunächst wurde NLP in der Therapie angewandt. Später dann auch im Geschäftsleben. Man mag nun zu NLP stehen wie man will. Wenn man erfolgreiche Verkäufer vergleicht, dann haben sie alle eine entscheidende Eigenschaft: Sie können sich auf ihre Gesprächspartner extrem gut einstellen, ihr Verhalten und ihre Art und Weise zu sprechen widerspiegeln. Überlegen Sie jetzt einmal, mit welchen Ihrer Mitmenschen Sie persönlich gut klarkommen. Sicher mit denen, die ähnliche Verhaltensmuster haben wie Sie selbst.

Nun gibt es in den seltensten Fällen Menschen, bei denen nur ein einziges Merkmal ausgeprägt ist. Alle Menschen sind eine Kombination von Video-, Audio- und Körpersprachetyp. Deshalb finden sich in unserer Alltagssprache auch zahlreiche Redewendungen, die man allen drei Typen zuordnen kann: „Das sehe ich jetzt deutlicher“, „Das hört sich gut an“, „Das ist zum aus der Haut fahren“ usw.

Wenn Sie nun aber erkennen, welche Eindrücke, welche Redewendungen Ihren Kunden am meisten ansprechen, sind Sie auf dem besten Weg ein Top-Kommunikator am Telefon zu werden. Denn ein Profi stellt am Anfang des Gesprächs viele offene Fragen, hört gut zu, um festzustellen, um welchen Gesprächstyp es sich handelt, und stellt seine Sprechweise auf den Gesprächspartner ein. Das ist übrigens der Grund, weshalb unser Immobilienverkäufer ein und dasselbe Haus in drei verschiedenen Varianten beschrieben hat. Die erste Beschreibung wendet sich eher an den visuell orientierten Interessenten, Beschreibung zwei an den audioorientierten und Variante drei an den Kinästheten.

Die verschiedenen Telefonpartner

1. Der Mischtyp

Im normalen Gespräch kommen alle Aspekte unserer Persönlichkeit zur Wirkung. Bilder, Gehörtes und Gefühltes tauchen in Form bestimmter Redewendungen beim Telefonieren auf. In manchen Situationen dominieren allerdings bei manchen Gesprächspartnern einzelne Eindrücke. Gelingt es Ihnen, sich im Gespräch darauf einzustellen, wird Ihre Kommunikation noch erfolgreicher.

2. Visuell orientierte Gesprächspartner

Sie neigen dazu, schnell zu sprechen. Warum? Nun, sie haben zu dem, was sie sagen, die passenden Bilder im Kopf. Sie achten auch nicht auf genaue Wortwahl, denn sie versuchen in erster Linie, die Bilder in Ihrer Vorstellung mit Worten anzureichern. Diese Menschen sprechen eine bildhafte Sprache. Sie benutzen Formulierungen wie: „Das sehe ich anders", „Das sieht gut aus", „Das kann ich mir gut vorstellen" usw.

3. Audioorientierte Gesprächspartner

Diese Gesprächspartner achten auf eine korrekte Wortwahl und sprechen langsam. Sie haben oft eine resonante Stimme, und ihre Sprache ist rhythmischer und bedachter. Sie nutzen Formulierungen wie: „Das hört sich gut an", „Das klingt gut" usw.

4. Kinästhetisch orientierte Gesprächspartner

Telefonpartner, die stärker körperspracheorientiert sind, sprechen noch langsamer. Sie reagieren ja in erster Linie auf Spüren und Fühlen. Manchmal muß man ihnen quasi die „Wörter aus der Nase ziehen". Sie benutzen oft Wörter aus dem physikalischen Bereich. Dinge sind für sie „schwer zu verstehen" und „zu wenig konkret". Sie sagen: „Die Sache ist für mich noch wenig greifbar".

Jetzt haben Sie die möglichen Gesprächspartner ein wenig kennengelernt. Schließen Sie jetzt einfach einmal die Augen, und stellen Sie sich Menschen vor, die Sie kennen – aus dem geschäftlichen Bereich, aus dem Bekanntenkreis usw. Und überlegen Sie einmal, zu welchen Typen diese Menschen gehören könnten. Sicher werden Sie es bei einigen sehr leicht haben, sie zuzuordnen, bei anderen wird es etwas schwerer. Wenn man mit Menschen das erste Mal telefoniert, ist es noch schwieriger, den passenden Ton zu finden, und vielfach wird es Ihnen im ersten Gespräch nicht gelingen. Aber mit der Zeit werden Sie immer treffsicherer, vorausgesetzt, Sie hören gut zu, wie Ihr Partner spricht und was er sagt. Vergessen Sie nicht, bestimmte Verhaltensmuster zu notieren.

Beobachtungskriterien beim Telefonieren

I. Analysieren Sie Ihren Telefonpartner nach folgenden fünf Gesprächseigenschaften:

1. Spricht Ihr Gesprächspartner hoch oder tief?
2. Spricht Ihr Gesprächspartner laut oder leise?
3. Spricht Ihr Gesprächspartner schnell oder langsam?
4. Ist die Sprache am Telefon gepflegt oder weniger gepflegt?
5. Handelt es sich um einen „Vielredner", oder müssen Sie dem Gesprächspartner „die Würmer aus der Nase ziehen"?

II. Welche „Lieblingsworte" und „Lieblingsformulierungen" benutzt Ihr Gesprächspartner?

Mit diesen Kriterien können Sie am Telefon mit großer Wahrscheinlichkeit Ihren Gesprächspartner erkennen.

Der Mischtyp

spricht tatsächlich mal so, mal so. In einer intensiven Gesprächssituation, zum Beispiel bei einem Verkaufsabschluß, kristallisieren sich die unterschiedlichen Kommunikationsschwerpunkte dann deutlicher heraus. Deshalb ist es bei diesen entscheidenden Gesprächssituationen besonders wichtig, Ihren Telefonpartner verbal an die Hand zu nehmen und dadurch eine gemeinsame Sprach- und Verständigungsebene zu schaffen.

Der visuell orientierte Gesprächspartner

- spricht schnell,
- spricht nicht besonders gepflegt, denn er denkt eher in Bildern,
- stellt sich Ihr Angebot vor seinem geistigen Auge vor.

Beispielhafte Redewendungen

- „Das sieht gut aus"
- „Das ist doch klar"
- „Das wird mir jetzt zu bunt"
- „Einen Eindruck gewinnen"
- „Farbe bekennen"
- „Das ist Schwarzweißmalerei"
- „Es scheint mir"
- „Fest ins Auge fassen"
- „Im dunkeln tappen"
- „Einen Blick darauf werfen"

Deshalb:

⇨ Sprechen Sie mit bildhaften Vergleichen.

⇨ Beschreiben Sie Ihr Angebot nach äußeren Merkmalen.

⇨ Sprechen Sie in kurzen, übersichtlichen Sätzen.

⇨ Nutzen Sie Adjektive.

⇨ Faxen Sie Prospekte („Bilder"), und rufen Sie danach wieder an (Call-fax-call-System).

Der körperspracheorientierte Gesprächspartner

- nimmt in Gefühlen wahr, auch über die Telefonleitung,
- möchte Ihr Angebot „anfassen",
- spricht sehr zögernd und langsam,
- liebt klare Strukturen.

Beispielhafte Redewendungen:

- „Das fühlt sich gut an"
- „Das liegt mir schwer im Magen"
- „In der Luft hängen"
- „In den Griff kriegen"
- „Wo der Schuh drückt"
- „Etwas auf dem Herzen haben"
- „Alles bereinigen"
- „Klar auf der Hand liegen"
- „Im Handumdrehen"
- „Mit beiden Beinen im Leben stehen"

Deshalb:

⇨ Stellen Sie besonders viele offene Fragen.

⇨ Schaffen Sie Atmosphäre durch gefühlsbeladene Worte.

⇨ Beschreiben Sie Ihr Produkt detailliert hinsichtlich Form, Gestalt, Oberfläche usw.

⇨ Schicken Sie, falls möglich, Muster zum Anfassen, und telefonieren Sie nach.

⇨ Nennen Sie technische Merkmale (Gewicht, Farbe, Material usw.).

Der audioorientierte Gesprächspartner

- „ist ganz Ohr“ und hört, was um ihn/sie passiert,
- ist der beste Gesprächspartner für den Telefonverkauf,
- verläßt sich auf das, was er in welchem Ton von anderen Personen hört,
- wird stark durch Stimme und Wortwahl, auch durch Hintergrundgeräusche, beeinflußt.

Beispielhafte Redewendungen:

- „Das klingt gut“
- „Das hört sich gut an“
- „Dann kracht's aber“
- „Daher pfeift also der Wind“
- „Ich habe etwas läuten hören“
- „Es ist nicht gesagt“
- „Dem werde ich mal Bescheid sagen“
- „Mit halbem Ohr zuhören“
- „Im Einklang sein“
- „Jemandem ins Gewissen reden“

Deshalb:

⇨ Sprechen Sie akzentuiert, nicht zu schnell und mit deutlichen Pausen.

⇨ Variieren Sie Ihre Tonlage (Stimm-Modulation).

⇨ Schaffen Sie ein perfektes Umfeld ohne Störgeräusche (Sollte man immer haben ...).

⇨ Vermitteln Sie ein Gespräch mit einem Referenzkunden.

⇨ Zitieren Sie Expertenmeinungen.

Wie so etwas dann in der Einwandbegegnung aussehen (für Sie als visuell orientierter Leser) oder sich anhören (für Sie als audioorientierter Leser) kann oder welchen Eindruck (für Sie als eher körperspracheorientierter Leser) Sie erhalten, das lesen Sie jetzt. Ich habe für Sie die 123 Antworten auf die Einwände Ihrer Kunden noch einmal für die entsprechenden Gesprächspartner variiert.

Die richtige Wortwahl für die richtige Zielperson: 3 x 123 Antworten auf die Einwände Ihres Gesprächspartners

I. Visueller Typ – Phase Einwände

1. „Das könnten wir ins Auge fassen. Schicken Sie mir aber erst einmal Unterlagen."

☏ Gerne. Bei welchen Punkten möchten Sie sich zuerst Einblick verschaffen?

☏ Das mache ich gerne. Sie wissen, Prospekte zeigen allerdings nur allgemeine Dinge. So wie ich das jetzt sehe, sind jedoch besondere Erläuterungen notwendig.

☏ Sehr gern, sagen Sie mir bitte noch, was Sie sich im einzelnen vorstellen. Dann kennzeichne ich die entsprechenden Punkte farbig für Sie in unserem Prospekt.

☏ Gern, wie schnell wollen Sie sich denn einen Einblick verschaffen? Soll ich Ihnen alle Informationen sofort per Fax zuschicken?

☏ Lassen Sie uns die einzelnen Punkte, die wir jetzt am Telefon im Blick hatten, noch einmal durchgehen. Damit Sie genau das erhalten, was Sie ins Auge gefaßt haben.

☏ Wir haben da einen Fragebogen entwickelt. Den sollten Sie sich mal anschauen. Ich faxe Ihnen den eben einmal zu. Sie können einfach ankreuzen, was Ihnen besonders wichtig erscheint. Sie erhalten dann maßgeschneiderte Unterlagen und müssen nicht lange allgemein gehaltene Prospekte durchsehen.

☏ Was genau haben Sie sich vorgestellt?

☏ Haben Sie ein Faxgerät an Ihrem Arbeitsplatz? Ich faxe Ihnen jetzt die Unterlagen zu, die mir nach unserem Telefongespräch für Sie besonders interessant erscheinen. Wir können ja dann in zwei Stunden, wenn Sie sich einen Einblick verschafft haben, noch einmal telefonieren. Ist das o. k.?

☏ Die ganze Aufgabenstellung macht eine hervorragende Fallstudie deutlich. Die schicke ich Ihnen heute noch zu. Ich schreibe „Wichtig“ auf den Umschlag und markiere das Wort in Gelb. Sagen Sie doch Ihrer Sekretärin, daß Sie Ihnen diesen Umschlag dann als erstes aus der Tagespost vorlegt. Wenn Sie sich einen Einblick verschafft haben, rufe ich Sie wieder an. Am besten Anfang nächster Woche oder besser: Am Montag vormittag. Ist das o. k.?

☏ Ich sehe das jetzt so: Nach all den Fragen, die Sie mir beantwortet haben, scheint unserer Angebot hochinteressant für Ihr Unternehmen zu sein. Mein Vorschlag: Ich bringe unsere ausführliche Dokumentation zu diesem Thema persönlich vorbei. Wenn Sie Zeit haben, können wir sie ja gemeinsam durchsehen. Sonst lasse ich sie Ihnen für zwei Wochen zur Ansicht da. Welchen Alternativtermin könnten Sie mir denn vorschlagen?

2. „Im Moment sehe ich da keine Chance. Ich habe keine Zeit.“

☏ Ja, das kann ich mir gut vorstellen. Was schlagen Sie vor?

☏ Ja, der Zeitdruck wird immer größer. So wie die Sache für mich ausschaut, scheint dieses Angebot allerdings so interessant für Sie, daß Sie etwa eine Stunde in ein ausführliches Gespräch investieren sollten. Vielleicht bei einem gemeinsamen Mittag- oder Abendessen. Sie sehen dann sehr schnell, ob und wie sich die Sache für Sie lohnt.

☏ Wir können gerne einen Termin frühmorgens oder spätabends ins Auge fassen. Nach den Dingen, die Sie mir erzählt haben, scheint mein Vorschlag wirklich hochinteressant für Sie zu sein.

☏ Wann sind Sie das nächste Mal am Flughafen? Ich kann mir gut vorstellen, daß wir uns da treffen. Dann können wir die Zeit bis zu Ihrem Abflug nutzen, um dieses hochaktuelle Thema von allen Seiten zu beleuchten.

☏ Wann sind Sie das nächste Mal wieder auf Geschäftsreisen? Da könnten wir uns sehen. Es gibt sicher einen grauen Hotelabend, den wir für unser Gespräch nutzen können. Was Sie mir über Ihr Unternehmen gezeigt haben, ist so interessant, daß wir keine Zeit verlieren sollten.

☏ Spielen Sie Tennis oder Golf? Lassen Sie uns doch einmal zu einem Match verabreden und bei dieser Gelegenheit die Dinge unter die Lupe nehmen.

☏ Ich kann mir Ihre Bedenken wegen der Zeit gut vorstellen. Gerade deshalb sollten Sie ein Gespräch ins Auge fassen. Denn wahrscheinlich können wir Ihnen helfen, die Probleme wegen der zu geringen Neukundengewinnung ins rechte Licht zu rücken.

☏ Ja ich sehe das Zeitproblem. Manchmal hindert es uns sogar wirklich schöne Dinge zu machen. Und manchmal verpassen wir aus Zeitgründen Chancen, die wir direkt vor der Nase haben. Wir brauchen zirka eine Stunde. Und nachdem, was Sie mir gesagt haben, ist das eine tolle Chance, das scheinbare Problem „Neukundengewinnung" mal ins rechte Licht zu rücken.

☏ Trotz Zeitknappheit. Fassen Sie doch ein etwa einstündiges Gespräch ins Auge. Wenn Sie danach der Ansicht sind, die Zeit wäre für Sie vergeudet gewesen, schreibe ich Ihnen sofort einen Scheck über 1 000 Mark als Spende für UNICEF aus.

☏ Das kann ich mir gut vorstellen. Allerdings, nach dem Einblick, den Sie mir verschafft haben, erscheint mir das Thema sehr interessant für Sie. Denn Sie können eine Menge Geld verdienen und in Zukunft Zeit sparen. Mein Vorschlag: Sie geben mir zehn Minuten, um Ihnen den Aufbau unserer umfangreichen Broschüre deutlich zu machen. Danach sehen Sie selbst, ob Sie das Gespräch weiterführen wollen. Bleibt noch unser Termin. Ist es Ihnen lieber am Donnerstag gegen 11.30 Uhr oder in der Woche darauf am Dienstag im Laufe des Nachmittags?

3. **„Das sieht mir eher nach dem Fachgebiet meines Kollegen aus.“**

☏ Ja, da war ich nicht ganz im Bilde. Welche Funktion hat Ihr Kollege?

☏ Unser Angebot hat natürlich deutliche Auswirkungen auf die Vertriebsstruktur. Deshalb würde ich gerne zunächst einmal der Geschäftsleitung einen Einblick verschaffen.

☏ Nachdem, was Sie mir gerade gezeigt haben, sollten wir unser Angebot zunächst einmal auf der Geschäftsleitungsebene für einen Überblick sorgen. Danach sollten Sie entscheiden, was der nächste Schritt ist.

☏ Da war ich wohl nicht ganz im Bilde. Wie ist denn der Name Ihres Kollegen? Und welche Funktion hat er? Schön, sind Sie dann so nett und verbinden mich weiter?

☏ Da tappe ich noch im dunkeln: Ist Ihr Kollege für die Fachentscheidung oder für die grundsätzliche Entscheidung auf Geschäftsleitungsbasis zuständig?

☏ Das ist mir noch nicht klar: Trifft Ihr Kollege die Entscheidung allein, oder gibt es ein Entscheidungsgremium?

☏ Nachdem, was Sie mir deutlich gemacht haben, sollten wir unser Angebot meiner Ansicht nach zunächst in einem engen Kreis, am besten auf Geschäftsleitungsebene, näher betrachten.

☏ Sie wissen, Entscheidungen sorgen oft für Unruhe im Unternehmen. Deshalb empfehle ich, daß Sie und ich zunächst einmal eine Stunde vorsehen, in der wir uns über Vorteile und Auswirkungen klar werden.

☏ Lassen Sie uns jetzt am Telefon nochmals einen Blick darauf werfen, was mein Vorschlag für Sie bedeutet. Dann sehen Sie ja, ob das eine Angelegenheit für die Fachabteilung ist.

☏ Ist der Einkauf nur für die Preisgestaltung verantwortlich, oder sieht es so aus, daß er auch die Fachentscheidung trifft?

4. „Ich sehe da noch nichts von Interesse.“

☏ Ich kann mir Ihre Gründe noch nicht vorstellen, denn nach allem, was Sie mir bisher deutlich gemacht haben, …

☏ Darf ich fragen, warum Sie das so sehen?

Bedeutet dies, daß die bisherige Lösung Ihrer Ansicht nach zufriedenstellend ist?

☏ Es gibt keinen Grund auf der Welt, sich für etwas zu interessieren, was man nicht klar vor sich sieht. Genau deshalb möchte ich Ihnen einen ausführlichen Überblick verschaffen.

☏ Nachdem ich in den Pressebericht über Ihr Unternehmen gesehen habe, habe ich natürlich aus einem besonderen Grund angerufen. Wir haben kürzlich ein solches System bei einer ähnlichen Firma vorgestellt und eingerichtet. Die Probleme sind jetzt gelöst. Dazu würde ich Ihnen gerne einen Überblick verschaffen.

☏ Sie haben mir eben die Probleme Ihrer technikorientierten Verkäufer mit der Neukundengewinnung vorgestellt. Wenn Sie jetzt sagen, Sie sind nicht interessiert, bedeutet dies generell kein Interesse oder im Augenblick nicht?

☏ Sieht es für Sie so aus, daß die augenblickliche Situation sehr zufriedenstellend ist und Sie keine Neukunden zum Wachstum Ihres Geschäfts benötigen?

☏ In den letzten sieben Monaten haben über 40 Unternehmen Ihrer Art und Größenordnung blitzschnell ihren Vertrieb mit unserer Hilfe neu strukturiert. Die Auswirkungen sind klar erkennbar: Diese Unternehmen verdienen mehr Geld, weil sie Vertriebskosten sparen und für ihre Kunden zusätzliche Serviceleistungen vorsehen. Einige der Chefs haben zunächst auch kein Interesse gezeigt. Jetzt sind sie froh, daß sie uns Gelegenheit zu einem persönlichen Gespräch gegeben haben.

☏ Nach dem Einblick, den Sie mir gegeben haben, muß das Thema für Sie interessant sein. Im Interesse Ihres Unternehmens: Machen

Sie sich selbst ein Bild. Rufen Sie einfach einmal Herrn Sommer von der Firma Gabel Fördertechnik an. Hier ist seine Telefonnummer. Wann werden Sie das tun?

- ☏ Sehen Sie keine Chancen in der Neukundengewinnung und in einem verbesserten Kundenservice?

5. „Im Augenblick sind wir in einer wirtschaftlich schwierigen Lage."

- ☏ Gerade deshalb erscheint es mir wichtig, neue Geschäftsfelder zu erschließen. Beispielsweise durch Neukundengewinnung.
- ☏ So wie ich das sehe, wollen Sie diese Situation verbessern. Nachdem, was Sie mir vorgestellt haben, kann unser System Ihnen dabei helfen. Dazu würde ich Ihnen gerne einmal einen Überblick geben.
- ☏ Werden die Schwierigkeiten Ihrer Ansicht nach anhalten? Wahrscheinlich nicht! Dann ist jetzt der beste Zeitpunkt, um sich einmal zusammenzusetzen. Welchen Termin sollen wir ins Auge fassen?
- ☏ Was bedeutet das für Ihr Unternehmen?
- ☏ Welche erkennbaren Konsequenzen ergeben sich für Ihre Firma daraus?
- ☏ Ja, das ist mir klar. Nachdem, was Sie mir vorgestellt haben, ergeben sich für Sie Chancen Vertriebskosten zu senken. Richtig? In diesem Fall sieht es doch ganz danach aus, als ob unsere Beratung für Sie wichtiger denn je ist.
- ☏ Wenn die Geschäfte zurückgehen, sollten Sie die Produktivität im Vertrieb schnell erhöhen. Schauen Sie sich einmal die Firma Gabel Fördertechnik an. Die setzen heute konsequent Telemarketing ein. Der wertvolle Außendienst sieht seine Kunden nur noch dann, wenn sich eine echte Verkaufschance bietet. Dieses System würde ich Ihnen in einem Gespräch gerne einmal vorstellen.
- ☏ Sehen Sie, gerade jetzt bietet es sich an, umzustellen. Wenn das Geschäft blüht, sind die Mitarbeiter im Streß und haben keine Zeit.

6. „Wir sind mit unserem bisherigen Lieferanten sehr zufrieden."

☏ Gerade deshalb rufe ich Sie an. Denn dann sind Sie sicher daran interessiert zu sehen, was wir Ihnen bieten können.

☏ Zufrieden – können Sie das etwas deutlicher machen?

☏ Gerade deshalb wäre es doch für Sie wichtig, sich einmal unser Angebot anzuschauen und zu vergleichen.

☏ Schauen Sie: Die meisten unserer Kunden waren mit dem zufrieden, was sie hatten. Es gibt drei klare Gründe, weshalb sie gewechselt haben (hier drei Produktvorteile nennen).

☏ Welche Eigenschaften sehen Sie denn da als die positivsten? (Aufzählen lassen, dann Umkehr- oder Bumerangtechnik einsetzen:) Gerade deshalb rufe ich Sie an. In diesem Bereich gibt es neue Entwicklungen, die ich Ihnen gerne einmal vorstellen möchte. Welcher Termin ist Ihnen lieber …?

☏ Damit ich im Bilde bin: Darf ich fragen, mit wem Sie zur Zeit zusammenarbeiten? Wir kennen diesen Mitbewerber. Gerade deshalb wäre es sicher für Sie wichtig, sich mehrere Angebote anzuschauen.

☏ Was haben Sie eingesetzt, bevor Sie gekauft haben, was Sie jetzt einsetzen? Und warum haben Sie gewechselt? Dies ist der Grund, weshalb ich Sie heute anrufe. Wir haben neue Entwicklungen in diesem Bereich, die Sie sich unbedingt einmal persönlich ansehen sollten.

☏ Was erscheint Ihnen wichtiger: Daß die Kundendienststelle in der gleichen Stadt ist oder daß Sie in längstens eineinhalb Stunden einen Techniker im Unternehmen sehen? – Und das, falls nötig, gleich mit einer Ersatzmaschine?

☏ Haben Sie schon einmal ins Auge gefaßt, welche Vorteile es Ihnen bieten könnte, einen leistungsfähigen Zweitlieferanten zu haben?

☏ Das ist mir jetzt klar. Doch stellen wir uns einmal vor, Sie könnten sich heute Ihren Traumlieferanten wünschen? Wie würde der aussehen?

7. „Wir möchten uns noch andere Produkte ansehen."

☏ Es ist ganz klar, daß Sie Leistungsvergleiche anstellen. Lassen Sie mich eine Frage stellen: Nachdem, was ich Ihnen gezeigt habe, was sind die Gründe, die für und eventuell gegen uns sprechen?

☏ Das ist sonnenklar, denn Sie müssen für sich immer das beste Angebot im Blick haben. Nach welchen Kriterien nehmen Sie Angebote unter die Lupe? Was sind für Sie die wichtigsten Leistungsmerkmale?

☏ Danke, daß Sie so klipp und klar Farbe bekennen. Können wir so verbleiben, daß wir uns auf jeden Fall noch einmal sehen, bevor Sie eine Entscheidung treffen? Danke!

☏ Wann werden Sie Ihrer Ansicht nach diese Entscheidung treffen?

☏ Das ist sonnenklar. Nach allem, was Sie mir jetzt deutlich gemacht haben, bin ich der Ansicht, daß Sie in uns den besten Partner finden werden. Wenn ich Ihnen zwischenzeitlich irgendwie helfen kann, wenn Sie einen Tip brauchen, um die Dinge ins rechte Licht zu rücken, rufen Sie mich an. Hier ist meine Privatnummer.

☏ Das ist klar. Offensichtlich haben Sie noch Gründe. Würden Sie mich ins Bild setzen?

☏ Das würde ich auch so sehen. Sie erkennen dann sofort, wie gut unser Angebot für Sie ist.

☏ Das müssen Sie sogar. Gerade bei einer so langfristigen Entscheidung sollten Sie für alle „Fürs" und „Widers" gründlich unter die Lupe nehmen. Welche Fabrikate haben Sie denn in Betracht gezogen, die Ihren Anforderungen gerecht werden könnten?

☏ Das ist ganz klar. Sagen Sie, treffen Sie die Entscheidung allein oder in einem Gremium?

8. „Wir müssen darüber noch einmal nachdenken.“

☏ Das ist ganz klar. Wann werden Sie Ihre Entscheidung treffen?

☏ Welche Punkte sind noch nicht deutlich geworden?

Gut, lassen Sie uns die wichtigsten Punkte doch einmal gemeinsam unter die Lupe nehmen. Paßt die Finanzierung noch nicht ins Bild oder haben Ihre Bedenken etwas mit der Lösung an sich zu tun?

☏ Lassen Sie uns doch noch einmal gemeinsam nachdenken, so lange wir alles noch klar vor uns sehen. Welche Punkte sind es, die Sie mit mehr Informationen nochmals unter die Lupe nehmen wollen?

☏ Eigentlich ist diese Entscheidung ja relativ unbedeutend für Sie, bei allem, was Sie im Blick haben müssen. Meiner Ansicht nach sollten Sie möglichst schnell entscheiden, damit es losgehen kann und Sie wieder einen klaren Kopf haben für die wirklich großen Dinge.

☏ (*Humorvoll*) Das ist sonnenklar. Ich warte in einer Stunde unten beim Pförtner, und Sie können herauskommen, wenn Sie sich entschieden haben. Im Ernst, wir haben die Vor- und Nachteile von allen Seiten betrachtet. Warum die Entscheidung noch hinauszögern?

☏ Offensichtlich haben Sie Ihre Gründe dafür. Darf ich fragen, welche das sind?

☏ Es ist ganz klar, daß Sie noch einmal überlegen wollen. Darf ich fragen, ob Sie einen Kauf bereits ins Auge fassen oder ob es noch Gründe gibt, die dagegen sprechen? Sie können sich ausmalen, daß Sie unter Umständen zwei Monate Zeit verlieren, bis Sie mit der Neukundengewinnung beginnen können. Ist das in Ihrem Sinne?

☏ Nehmen Sie diesen Vorschlag nicht zu lange unter die Lupe. Wenn Sie noch mehr Klarheit gewinnen wollen, rufen Sie doch Herrn Sommer von Gabel Fördertechnik an und fragen Sie ihn, wie seine Erfahrungen aussehen. Sie wissen ja, wer zu spät kommt, den bestraft das Leben.

☏ Das kann ich gut auch so sehen, wie Sie das tun. Und mir scheint, daß Sie froh wären, wenn Sie diese Entscheidung hinter sich hätten. Meiner Ansicht nach gefällt Ihnen auch unser Angebot im großen und ganzen. Was hält Sie noch zurück?

☏ Sie möchten noch mehr Klarheit gewinnen? Ich weiß, was Sie sagen wollen. Sie meinen, daß ich Ihnen die Vorteile noch nicht deutlich genug gezeigt habe. Was genau wollen Sie nochmals unter die Lupe nehmen?

9. „Wenn Sie 15 Prozent Rabatt geben, sehen Sie heute noch einen Auftrag."

☏ Können Sie sich vorstellen, Ihren Rechtsanwalt zu fragen, ob er Ihnen Rabatt gibt?

☏ Welche Absicht steckt hinter Ihrer Frage?

☏ Das sieht ja schon gut aus. Lassen Sie uns doch einmal von allen Seiten betrachten, welche Leistungen, die im Preis enthalten sind, von Ihnen nicht benötigt werden.

☏ Warum stellen Sie sich einen Rabatt von 15 Prozent vor?

☏ Ja, da sehe ich gute Chancen. Wieviel Stück möchten Sie heute kaufen?

☏ Sehen Sie, als ich mein Geschäft vor sieben Jahren eröffnet habe, habe ich beschlossen, daß alle meine Kunden die besten Preise erhalten. Darin sehe ich die besten Chancen, meine Integrität zu bewahren. Es wäre ein schlechtes Bild, wenn ich mich eines Tages bei meinen Kunden wegen mangelnder Qualität der Produkte oder minderem Service entschuldigen müßte – und das alles wegen billiger Preise.

☏ Wir können für Sie auch eine billigere Alternative ins Auge fassen. Auf welche Produkteigenschaften können Sie denn verzichten?

☏ Nun, unsere Produkte haben einen klare Qualitätsstandard. Das erkennen auch unsere zufriedenen Kunden. Und die sind für uns deutlich wichtiger, als der möglichst billige Herstellungspreis.

☏ Wie würde Ihre Firma aussehen, wenn sie auf die Qualitätsprodukte immer 15 Prozent Rabatt geben würde?

☏ (*Humorvoll*) Wie würde Ihr Gehalt aussehen, wenn Ihre Firma immer 15 Prozent Rabatt geben würde. Vielleicht würden Sie dann gar nicht mehr hier arbeiten.

☏ Sieht Ihre Firma 15 Prozent Rabatt bei ihren Produkten vor? Nein? Warum ist das Ihrer Ansicht nach so?

☏ Wir haben uns in der Vergangenheit deutlich gegen Rabatte gewehrt. Wir geben heute keine Rabatte. Und wie es aussieht, werden wir auch in Zukunft keine Rabatte geben. Darf ich jetzt Ihren Auftrag notieren?

10. „Ich muß noch einmal sehen, was mein Chef dazu sagt."

☏ Ja, welche Punkte müssen Sie denn mit Ihrem Chef noch unter die Lupe nehmen? Vielleicht kann ich Ihnen helfen.

☏ Lassen Sie uns doch gemeinsam mit Ihrem Chef sprechen und ihm unser Angebot nochmals deutlich machen.

☏ Warum müssen Sie Ihrem Chef noch mehr Einblick verschaffen?

☏ Das ist ganz klar. Ich rufe Sie dann in einer Stunde wieder an. Falls dann etwas noch nicht ins Bild paßt, können wir das ja gemeinsam besprechen. Vielleicht durch eine telefonische Konferenzschaltung.

☏ Schauen Sie, ich kenne meine Produkte und präsentiere sie schon zwei Jahre. Warum sollen Sie meinen Job machen? Das Beste wäre doch, wir zeigen das Produkt gemeinsam Ihrem Chef.

☏ Mir scheint, wir können das doch gut gemeinsam machen. So gewinnen Sie noch mehr Klarheit, die Entscheidung fällt schneller, und Sie profitieren von dem Produkt bereits ab nächsten Monat.

☏ Wie sehen Sie denn folgenden Vorschlag: Ich mache Ihnen eine Kopie meiner Präsentation auf Overheadfolien. Es wäre schön, wenn Sie dann zu mir ins Büro kämen. Dort können wir alles noch einmal durchsehen, damit Sie ein perfektes Gespräch führen können.

☏ Sieht das wirklich so aus, daß Ihr Chef eine solch kleine Entscheidung selbst fällen muß?

☏ Wann werden Sie ihm die Unterlagen zeigen? Prima, ich rufe dann morgen nachmittag sofort an.

☏ Ich sehe einen Vorteil, wenn ich Ihrem Chef direkt einen Einblick verschaffe. Denn ich kenne unser Produkt seit langem und weiß auch, welchen klaren Nutzen man für Ihr Unternehmen ins Auge fassen kann. Oder sollten wir das Gespräch besser gemeinsam führen? Was meinen Sie?

11. „Sie sind zu teuer, Ihr Preis erscheint uns zu hoch."

☏ Im Vergleich erscheint unser Preis zu hoch?

☏ Wie teuer dürfte es Ihrer Ansicht nach sein?

☏ Das bedeutet?

☏ Nach welchen Kriterien nehmen Sie den Preis eines Produkts oder einer Dienstleistung unter die Lupe?

☏ Wenn der Preis unseres Mitbewerbers niedriger ist, was zeigt Ihnen das?

☏ Sicher sehen Sie das auch so: Qualität hat ihren Preis. Wo können Sie denn an der Qualität Abstriche machen?

☏ Anders gesehen kostet Sie das 95 Pfennige pro Betriebsstunde. Weniger als ein Glas Bier.

☏ Ganz klar, das mit dem Preis ist immer so eine Sache. So wie ich das sehe, kauft niemand nur das Billigste. Überlegen Sie einmal, wo Sie Ihren neuesten Anzug erstanden haben. Und, sagen Sie mir auch die Gründe? – Sehen Sie, genau diese Punkte … (Bumerangtechnik)

- ☏ Werfen Sie doch einmal einen Blick auf Ihre Kaufentscheidungen. Haben Sie sich noch nie im nachhinein geärgert, weil Sie das Billigste gekauft haben?
- ☏ Unser Preis erscheint Ihnen zu hoch? Würden Sie mir das erklären?
- ☏ Wir können den Preis augenblicklich reduzieren, wenn Sie sich entscheiden, welche Punkte unseres Angebots für Sie nicht in Betracht kommen.
- ☏ Was erscheint Ihnen und natürlich auch Ihrer Firma wichtiger: Das billigste Produkt zu kaufen oder den besten Gegenwert für Ihr Geld zu sehen?
- ☏ Um wieviel erscheint er Ihnen zu hoch?
- ☏ Wenn wir einen niedrigeren Preis ins Auge fassen, bekäme ich dann hier und jetzt Ihren Auftrag? Gut, dann lassen Sie uns im Klartext festlegen, wie wir das erreichen können.
- ☏ Wie sehen Sie das: Warum machen Ihre und natürlich auch unsere Mitbewerber Produkte billiger?
- ☏ Haben Sie nur den Preis ins Auge gefaßt, oder sind noch andere Gründe für Ihre klare Entscheidung maßgebend?

12. „Wir haben uns für die Konkurrenz entschieden."

- ☏ Ist der Auftrag schon unterschrieben, oder haben Sie die Konkurrenz zunächst nur einmal ins Auge gefaßt?
- ☏ Wie sahen die Gründe dafür aus?
- ☏ Sehen Sie, Sie suchen doch einen langfristigen und zuverlässigen Partner. Mein Vorschlag: Teilen Sie doch den Auftrag in zwei Hälften. So gewinnen Sie einen klaren Eindruck, wer für Sie der bessere Partner ist.

☏ Bevor Sie einen Vertragsabschluß ins Auge fassen, rufen Sie doch mal die Firma Dressler an. Diese Firma arbeitet mit dem Mitbewerbsprodukt. Sprechen Sie dort mit Herrn Schwertfeger und machen Sie sich selbst ein Bild. Denn schließlich geht es um Ihr Geld und eine langfristige Investition.

☏ Nach unseren vielen Unterredungen bin ich der Ansicht, daß Sie mit unserer Lösung am besten bedient sind. Ich würde gerne gerade diesen Auftrag bei uns sehen. Was muß ich tun, damit Sie das ins Auge fassen?

☏ Wie sehen Sie denn die folgende Idee: Stellen Sie sich einmal vor, ich würde Ihnen meinen Service kostenlos anbieten. Würden Sie dann mein Angebot annehmen? O. k., dann lassen Sie uns noch einmal in Betracht ziehen, wie schnell sich diese Dienstleistung selbst bezahlt macht. Ich bin in einer Stunde bei Ihnen.

II. Auditiver Typ – Phase Einwände

1. „Das hört sich ja recht gut an. Schicken Sie mir mal Unterlagen.“

☏ Gerne, was klingt denn für Sie besonders interessant?

☏ Das mache ich gerne. Sie wissen, Prospekte haben allerdings nur allgemeinen Charakter. Nachdem, was Sie mir berichtet haben, sind jedoch besondere Erläuterungen notwendig.

☏ Sehr gern, sagen Sie mir bitte noch, was Sie im einzelnen interessiert. Dann kennzeichne ich die entsprechenden Punkte für Sie in unserem Prospekt.

☏ Gern, wie schnell müssen Sie denn die Informationen haben? Soll ich sie Ihnen sofort per Fax zuschicken?

☏ Lassen Sie uns die einzelnen Punkte, die wir jetzt am Telefon besprochen haben, noch einmal kurz ansprechen, damit ich Ihnen genau das zuschicke, was für Sie stimmig ist.

☏ Wir haben da einen unerhört hilfreichen Fragebogen entwickelt. Ich faxe Ihnen den eben einmal zu. Sie können da einfach ankreuzen, auf was es Ihnen besonders ankommt. Sie erhalten dann auf Sie abgestimmte Unterlagen und müssen sich nicht durch die allgemein gehaltenen Prospekte durcharbeiten.

☏ Was genau soll ich Ihnen zuschicken?

☏ Haben Sie ein Faxgerät an Ihrem Arbeitsplatz? Ich faxe Ihnen jetzt die Unterlagen zu, die mir nach unserem Telefongespräch für Sie besonders stimmig erscheinen. Wir können ja dann in zwei Stunden nochmals darüber sprechen. Ist das o. k.?

☏ Wir haben zu der diskutierten Aufgabenstellung eine hervorragende Fallstudie. Die schicke ich Ihnen heute noch zu. Ich schreibe das Wort „Wichtig" auf den Umschlag und markiere das Wort in Gelb. Sagen Sie doch Ihrer Sekretärin, daß sie Ihnen diesen Umschlag dann als erstes aus der Tagespost vorlegt. Anfang nächster Woche, oder besser am Montagvormittag, sprechen wir dann am Telefon nochmals darüber. Ist das in Ordnung?

☏ Nach den Fragen, die Sie mir beantwortet haben, scheint mir unser Angebot unerhört wichtig für Ihr Unternehmen. Mein Vorschlag: Ich bringe unsere ausführliche Dokumentation zu diesem Thema persönlich vorbei. Wenn Sie Zeit haben, können wir sie gemeinsam durchsprechen. Sonst lasse ich sie Ihnen zwei Wochen zur Ansicht da. Welchen Alternativtermin könnten Sie mir denn vorschlagen?

2. „Ich muß sagen, ich habe im Moment keine Zeit."

☏ Ja, das verstehe ich. Wie können wir ins Gespräch kommen?

☏ Ja, der Zeitdruck wird immer größer. Nach dem, was Sie mir erzählt haben, scheint die Sache allerdings so interessant für Sie, daß Sie etwa eine Stunde in ein ausführliches Gespräch investieren sollten. Vielleicht bei einem gemeinsamen Mittag- oder Abendessen. Sie erkennen dann schon nach wenigen Worten, ob und wie sich die Sache für Sie lohnt.

- ☏ Wir können das gerne frühmorgens oder spätabends persönlich besprechen. Nach den Dingen, die sie mir erzählt haben, ist mein Vorschlag wirklich hochinteressant für Sie.
- ☏ Wann sind Sie das nächste Mal am Flughafen? Ich komme gerne rausgefahren. Dann können wir die Zeit bis zu Ihrem Abflug nutzen, um über dieses hochaktuelle Thema zu sprechen.
- ☏ Wann sind Sie das nächste Mal wieder auf Geschäftsreisen? Sagen Sie einfach Bescheid. Ganz bestimmt gibt es da einen ruhigen Hotelabend, den wir für unser Gespräch nutzen können. Was Sie mir über Ihr Unternehmen berichtet haben, ist so interessant, daß wir keine Zeit verlieren sollten.
- ☏ Spielen Sie Tennis oder Golf? Lassen Sie uns doch einmal zu einem Match verabreden und bei dieser Gelegenheit über die Dinge sprechen.
- ☏ Ich verstehe Ihre Bedenken wegen der Zeit. Gerade deshalb wäre ein Gespräch wichtig. Denn wahrscheinlich können wir Ihnen helfen, die Probleme wegen der zu geringen Neukundengewinnung abzuschaffen.
- ☏ Ja, ich kenne das Zeitproblem. Manchmal hindert es uns sogar daran, wirklich schöne Dinge zu tun. Und manchmal verpassen wir aus Zeitgründen Chancen, weil wir nur mit halbem Ohr zuhören. Wir brauchen zirka eine Stunde für ein Gespräch. Und nachdem, was Sie mir gesagt haben, ist das eine tolle Chance zur Lösung des Problems „Neukundengewinnung“.
- ☏ Trotz Zeitknappheit, geben Sie mir die Chance für ein etwa einstündiges Gespräch. Wenn Sie danach der Meinung sind, die Zeit wäre für Sie vergeudet gewesen, lasse ich Sie in Ruhe und schreibe Ihnen sofort einen Scheck über 1 000 Mark als Spende für UNICEF aus.
- ☏ Ich verstehe. Allerdings, was Sie mir gesagt haben, klingt so gut, daß Sie eine Menge Geld verdienen und in Zukunft Zeit sparen können. Mein Vorschlag: Sie geben mir zehn Minuten, um Ihnen

den Aufbau unserer umfangreichen Broschüre zu erklären. Danach entscheiden Sie selbst, ob Sie das Gespräch weiterführen wollen. Lassen Sie uns doch einen Termin abstimmen. Ist es Ihnen lieber am Donnerstag gegen 11.30 Uhr oder in der Woche darauf am Dienstag im Laufe des Nachmittags?

3. „Dieses Thema hört sich nach dem Aufgabengebiet meines Kollegen an."

☏ Das läßt sich hören! Welche Funktion hat denn Ihr Kollege?

☏ Unser Angebot hat natürlich grundsätzliche Auswirkungen auf die Vertriebsstruktur. Deshalb würde ich es gerne zunächst einmal auf Geschäftsleitungsebene diskutieren.

☏ Nachdem, was Sie mir gerade erzählt haben, sollten wir unser Angebot zunächst einmal auf der Geschäftsleitungsebene diskutieren. Danach sollten Sie sich fragen, was der nächste Schritt ist.

☏ Oh ja, das hört sich gut an. Wie ist der Name Ihres Kollegen? Und welche Funktion hat er? Gut, sind Sie dann so nett und verbinden mich weiter?

☏ Da möchte ich jetzt nochmal nachfragen: Ist Ihr Kollege für die fachliche Abstimmung oder die grundsätzliche Entscheidung auf Geschäftsleitungsbasis zuständig?

☏ Hört sich Ihr Kollege meinen Vorschlag allein an, oder gibt es ein Entscheidungsgremium?

☏ Nachdem, was Sie mir erzählt haben, schlage ich vor, unser Angebot zunächst in einem engen Kreis, am besten auf Geschäftsleitungsebene, zu besprechen.

☏ Sie wissen, Entscheidungen sorgen oft für Unruhe im Unternehmen. Deshalb empfehle ich, daß Sie und ich uns zunächst einmal eine Stunde abstimmen und da über Vorteile und Auswirkungen diskutieren.

☏ Lassen Sie uns jetzt noch einmal einige Minuten am Telefon darüber diskutieren, wie sich mein Vorschlag für Sie anhört. Dann können Sie immer noch entscheiden, ob das eine Angelegenheit für die Fachabteilung ist.

☏ Ist der Einkauf nur für die Preisgestaltung verantwortlich, oder hat er ein Mitspracherecht bei der Fachentscheidung?

4. „Ich muß Ihnen sagen: Das interessiert mich nicht."

☏ Ich würde gerne mehr über die Gründe hören, denn nach allem, was Sie mir erzählt haben, ...

☏ Darf ich fragen, warum?

☏ Sagen Sie damit, daß Sie mit der bisherigen Lösung zufrieden sind?

☏ Es gibt keinen Grund der Welt, sich für etwas zu interessieren, was man sich nicht gründlich angehört hat. Genau deshalb möchte ich Ihnen mehr Fakten mitteilen.

☏ Nachdem ich in der Presse über Ihr Unternehmen gelesen habe, habe ich natürlich aus einem besonderen Grund angerufen. Wir haben kürzlich ein solches System bei einer ähnlichen Firma eingerichtet. Die Probleme sind jetzt gelöst. Darüber würde ich gerne mit Ihnen sprechen.

☏ Sie haben mir erzählt, daß Ihre technikorientierten Verkäufer Probleme mit der Neukundengewinnung haben. Wenn Sie sagen, Sie sind nicht interessiert, bedeutet dies generell kein Interesse oder im Augenblick nicht?

☏ Meinen Sie damit, daß Sie mit der momentanen Situation sehr zufrieden sind und keine Neukunden zum Wachstum Ihres Geschäfts benötigen?

☏ In den letzten sieben Monaten haben über 40 Unternehmen Ihrer Art und Größenordnung still und heimlich ihren Vertrieb mit unserer Hilfe neu strukturiert. Sie verdienen mehr Geld, weil sie Vertriebskosten sparen, bieten ihren Kunden zusätzlich einen besseren Service und erhalten nur positive Resonanz. Einige der Chefs sagten zunächst das gleiche: „Kein Interesse." Jetzt sind sie froh, daß sie uns Gelegenheit zu einem persönlichen Gespräch gegeben haben.

☏ Nach allem, was Sie mir erzählt haben, stimmt das Thema mit Ihren Zielen überein. Im Interesse Ihres Unternehmens – hören Sie sich bitte an, was Herr Sommer von der Firma Gabel Fördertechnik dazu zu sagen hat. Hier ist seine Telefonnummer. Wann werden Sie ihn anrufen?

☏ Hört sich das für Sie wirklich nicht interessant an, zusätzlich neue Kunden zu gewinnen und Ihren Kundenservice weiter zu verbessern?

5. „Im Moment sind wir in einer wirtschaftlich schwierigen Lage."

☏ Gerade deshalb ist es wichtig, sich auf neue Geschäftsfelder einzustimmen. Beispielsweise durch Neukundengewinnung.

☏ Da höre ich heraus, daß Sie diese Situation verbessern wollen. Nachdem, was Sie mir gesagt haben, kann unser System Ihnen dabei helfen. Darüber würde ich gerne einmal mit Ihnen sprechen.

☏ Sagt man, daß die Schwierigkeiten anhalten? Sicher nicht! Dann ist jetzt der beste Zeitpunkt, um einmal persönlich miteinander zu reden. Welcher Termin ist Ihnen lieber?

☏ Was sagt das für Ihr Unternehmen?

☏ Welche tatsächlichen Konsequenzen für Ihre Firma klingen da mit an?

☏ Ja, ich verstehe. Das, was Sie mir gesagt haben, klingt aber nach guten Chancen, Vertriebskosten zu senken. Richtig? In diesem Falle ist unsere Beratung für Sie wichtiger denn je.

☏ Wenn die Geschäfte zurückgehen, sollten Sie die Produktivität im Vertrieb schnell erhöhen. Haben Sie schon von der Firma Gabel Fördertechnik gehört? Die können ein Lied davon singen. Aber die setzen heute konsequent Telemarketing ein und nutzen den wertvollen Außendienstbesuch nur noch dann, wenn sich eine echte Verkaufschance bietet. Darüber sollten wir einmal gemeinsam sprechen.

☏ Gerade jetzt bietet es sich an, umzustellen. Wenn die Kasse klingelt, sind die Mitarbeiter im Streß und haben keine Zeit.

6. „Wir sind mit unserem bisherigen Lieferanten sehr zufrieden. Das läuft alles sehr harmonisch."

☏ Gerade deshalb rufe ich Sie an. Denn dann sind Sie sicher daran interessiert zu sehen, was wir Ihnen bieten können.

☏ Zufrieden und harmonisch in welcher Beziehung?

☏ Gerade deshalb wäre es doch für Sie wichtig, sich einmal unser Angebot anzuhören und zu vergleichen wie das klingt.

Für die meisten unserer Kunden klang recht gut, was sie hatten. Es gibt drei Gründe, weshalb sie gewechselt haben (hier drei Produktvorteile nennen).

☏ Welche Eigenschaften schätzen Sie denn am meisten? (Aufzählen lassen, dann „Umkehr- oder Bumerangtechnik" einsetzen:) Gerade deshalb rufe ich Sie an. In diesem Bereich gibt es neue Entwicklungen. Darüber wollte ich Ihnen einmal Näheres sagen. Welcher Termin ist Ihnen lieber ...?

☏ Darf ich fragen, mit wem Sie zur Zeit zusammenarbeiten? Wir haben schon einiges von diesem Mitbewerber gehört. Gerade deshalb wäre es sicher für Sie wichtig, auch einmal mit uns zu sprechen.

☏ Was haben Sie eingesetzt, bevor Sie gekauft haben, was Sie jetzt einsetzen? Und warum haben Sie gewechselt? Dies ist der Grund, weshalb ich Sie heute anrufe. Wir haben neue Entwicklungen in diesem Bereich, die Sie sich unbedingt einmal anhören sollten.

☏ Was hört sich für Sie wichtiger an: Daß die Kundendienststelle in der gleichen Stadt ist, oder daß der Techniker in längstens eineinhalb Stunden bei Ihnen ist. – Und, falls nötig, eine Ersatzmaschine im Kofferraum hat?

☏ Haben Sie einmal darüber gesprochen, welche Vorteile es Ihnen bieten könnte, einen leistungsfähigen Zweitlieferanten zu haben?

☏ Ja, das hört sich sehr überzeugt an. Aber nehmen wir einmal an, Sie könnten sich heute Ihren Traumlieferanten wünschen? Was müßte der Ihnen bieten?

7. „Wir möchten uns noch wegen Produkten anderer Lieferanten umhören."

☏ Da stimme ich Ihnen zu, daß Sie Leistungsvergleiche anstellen. Lassen Sie mich eine Frage stellen: Nachdem, was ich Ihnen erzählt habe, was sind die Gründe, die für und eventuell gegen uns sprechen?

☏ Das verstehe ich, denn Sie müssen für sich das beste Angebot herausfinden. Nach welchen Kriterien hören Sie sich Angebote an? Was sind für Sie die wichtigsten Leistungsmerkmale?

☏ Danke, daß Sie mir das sagen. Können wir uns so abstimmen, daß wir auf jeden Fall noch einmal miteinander sprechen, bevor Sie eine Entscheidung treffen? Danke!

☏ Wann werden Sie Ihre endgültige Entscheidung diskutieren?

☏ Ich verstehe das. Nach allem, was Sie mir gesagt haben, bin ich der festen Überzeugung, daß Sie mit uns den besten Partner haben werden. Wenn ich Ihnen zwischenzeitlich irgendwie helfen kann, wenn Sie einen Tip brauchen, rufen Sie mich an. Hier ist meine Privatnummer.

☏ Ich verstehe das. Offensichtlich hört sich etwas für Sie noch nicht so gut an. Darf ich fragen, was?

☏ Das klingt gut. Sie erkennen dann sofort, wie gut unser Angebot für Sie ist.

☏ Das müssen Sie sogar. Gerade bei einer so langfristigen Entscheidung sollten Sie sich alle „Höhen" und „Zwischentöne" genau anhören. Welche Fabrikate haben Sie denn in Betracht gezogen, die mit Ihren Anforderungen im Einklang stehen?

☏ Ich verstehe das. Sagen Sie, treffen Sie die Entscheidung allein oder in einem Gremium?

8. „Das müssen wir intern noch einmal besprechen."

☏ Das hört sich plausibel an. Wann werden Sie Ihre Entscheidung treffen?

☏ Was klingt für Sie noch unstimmig?

☏ Gut, lassen Sie uns doch einmal gemeinsam laut nachdenken. Machen Sie sich Gedanken über die Finanzierung, oder hat es etwas mit der Lösung an sich zu tun?

☏ Lassen Sie uns doch noch einmal gemeinsam überlegen, so lange alles aktuell im Ohr ist. Welche Punkte sind es, über die Sie nochmals laut nachdenken wollen?

☏ Eigentlich ist diese Entscheidung ja nicht so wichtig, bei allem, was Sie um die Ohren haben. Warum nicht gleich eine Entscheidung treffen, damit Sie anderen Dingen wieder Ihre volle Aufmerksamkeit schenken können?

☏ (*Humorvoll*) Das klingt gut. Ich bin in einer Stunde beim Pförtner und Sie können herauskommen, wenn Sie sich entschieden haben. Im Ernst, wir haben alle Dissonanzen beseitigt. Warum die Entscheidung noch hinauszögern?

☏ Ich bin ganz Ohr! Was klingt für Sie noch nicht stimmig?

☏ Ich verstehe, daß Sie sich fragen: „Was bringt mir das Angebot konkret." Darf ich fragen, was Ihnen noch für Informationen fehlen, um die Vorteile für Ihr Unternehmen herauszuhören? Dies kann bedeuten, daß Sie zwei Monate Zeit verlieren, bis Sie mit der Neukundengewinnung beginnen können. Ist das in Ihrem Sinne?

☏ Denken Sie nicht zu lange nach. Wenn Sie noch einen zusätzlichen Hinweis benötigen, sprechen Sie doch mit Herrn Sommer von Gabel Fördertechnik und fragen Sie ihn nach seinen Erfahrungen. Er gibt Ihnen gerne Informationen und wird Ihnen bestimmt nichts verschweigen.

☏ Ich kann mich gut in Ihre Lage versetzen und es hört sich für mich an, als ob Sie froh wären, wenn Sie diese Entscheidung hinter sich hätten. Es klingt auch, als ob Ihnen unser Angebot im großen und ganzen gefällt. Was hindert Sie jetzt noch?

☏ Sie möchten sich das noch einmal überlegen? Für mich hört sich das so an, als ob ich Sie noch nicht genügend einstimmen konnte. Welche Informationen benötigen Sie noch?

9. „Wie hört sich das für Sie an: Wenn Sie mir 15 Prozent Rabatt geben, bekommen Sie heute den Auftrag."

☏ Würden Sie Ihren Rechtsanwalt fragen, ob er Ihnen Rabatt einräumt?

☏ Sollte ich aus Ihrer Frage mehr heraushören?

☏ Gut. Das klingt verständlich. Lassen Sie uns gemeinsam überlegen, welche Leistungen, die in dem Preis enthalten sind, von Ihnen nicht benötigt werden.

☏ Ich frage mich, warum Sie einen Rabatt von 15 Prozent möchten?

☏ Ja, da stimme ich zu. Welche Menge möchten Sie denn heute kaufen?

☏ Als ich mein Geschäft vor sieben Jahren eröffnet habe, habe ich mir gesagt, daß alle meine Kunden die besten Preise erhalten sollen.

Dies war und ist der beste Weg, meine Integrität zu behalten. Ich will mir nicht eines Tages anhören müssen, daß meine Produkte nicht gut sind, weil der Preis so niedrig ist.

☏ Wir können Ihnen auch eine billigere Variante anbieten. Welche Produkteigenschaften finden denn bei Ihnen gar keine Resonanz?

☏ Nun, unsere Produkte haben einen exakten Qualitätsstandard. Das sichert uns zufriedene Kunden. Und die wollen, daß die Qualität stimmt und pfeifen in den meisten Fällen auf einen möglichst billigen Herstellungspreis.

☏ Würde denn in Ihrer Firma die Kasse klingeln, wenn Sie auf Ihre Qualitätsprodukte immer 15 Prozent Rabatt geben würden?

☏ (*Humorvoll*) Bestimmt würde Ihr Gehalt ganz anders aussehen, wenn Ihre Firma immer 15 Prozent Rabatt geben würde. Vielleicht würden Sie dann gar nicht mehr hier arbeiten.

☏ Gibt Ihre Firma 15 Prozent Rabatt auf ihre Produkte? Nein? Warum denken Sie, werden Rabattforderungen abgeschmettert?

☏ Wir haben uns in der Vergangenheit deutlich gegen Rabatte ausgesprochen. Wir geben heute keine Rabatte. Und wir werden bestimmt auch in Zukunft keine Rabatte geben. Darf ich jetzt Ihren Auftrag notieren?

10. „Ich muß nochmal hören, was mein Chef dazu sagt."

☏ Ja, welche Punkte müssen Sie denn noch mit Ihrem Chef besprechen? Vielleicht kann ich vorab Ihre Fragen beantworten.

☏ Lassen Sie uns doch gemeinsam mit Ihrem Chef sprechen und hören, was er dazu sagt.

☏ Warum müssen Sie nochmal hören, was Ihr Chef dazu sagt?

☏ Das klingt vernünftig. Ich rufe Sie einfach in einer Stunde wieder an. Falls dann immer noch Fragen offen sind, können wir die ja gemeinsam besprechen. Vielleicht durch eine telefonische Konferenzschaltung.

☏ Hören Sie, ich kenne meine Produkte und präsentiere sie schon zwei Jahre. Warum sollten Sie sich die Mühe machen? Das Beste wäre doch, wir sprechen beide gemeinsam mit Ihrem Chef.

☏ Lassen Sie uns gemeinsam mit ihm sprechen. Dann können Sie sich alle Produktvorteile nochmals in Ruhe anhören, die Entscheidung fällt schneller, und Sie profitieren von dem Produkt bereits ab nächsten Monat.

☏ Wie hört sich dieser Vorschlag für Sie an: Ich mache Ihnen eine Kopie meiner Präsentation auf Overheadfolien. Es wäre schön, wenn Sie dann zu mir ins Büro kämen. Dort können wir alles noch einmal durchsprechen, damit die Präsentation für Ihren Chef auch überzeugend klingt.

☏ Sind Sie sicher, daß Ihr Chef sich das noch persönlich anhören und eine solch kleine Entscheidung selbst fällen muß?

☏ Wann werden Sie mit ihm sprechen? Prima, ich lasse dann morgen nachmittag von mir hören.

☏ Ich denke, es ist von Vorteil, wenn ich direkt mit Ihrem Chef spreche. Denn ich kenne unser Produkt seit langem und weiß auch, was für Ihren Chef plausibel klingt. Oder sollten wir das Gespräch besser gemeinsam führen? Was meinen Sie?

11. „Das hört sich aber sehr teuer an.“

☏ Im Vergleich wozu?

☏ Welcher Preis klingt für Sie noch akzeptabel?

☏ Das bedeutet genau?

☏ Wonach sagen Sie, beurteilen Sie den Preis eines Produkts oder einer Dienstleistung?

☏ Wenn der Preis unseres Mitbewerbers niedriger ist, was zeigt Ihnen das?

- ☏ Sie stimmen mir sicher zu: „Qualität hat ihren Preis." Wo können Sie denn an der Qualität Abstriche machen?
- ☏ Anders gesagt: Da kostet Sie 95 Pfennige pro Betriebsstunde. Weniger als ein Glas Bier.
- ☏ Sie wissen, das mit dem Preis ist immer das gleiche Lied. Dennoch kauft niemand nur das Billigste. Überlegen Sie einmal, welche Musikanlage Sie sich gekauft haben. Und, sagen Sie mir auch die Gründe? – Das hört sich ja schon ganz anders an. Genau diese Punkte ... (Bumerangtechnik)
- ☏ Hören Sie bitte einmal in sich hinein: Haben Sie sich noch nie im nachhinein geärgert, weil Sie das Billigste gekauft haben?
- ☏ Sie sagen, unser Preis ist zu hoch? Würden Sie mir das erklären?
- ☏ Wir können den Preis jetzt sofort reduzieren, wenn Sie mir sagen, welche Produkte unseres Angebots entfallen können.
- ☏ Was klingt für Sie und natürlich auch für Ihr Unternehmen vernünftiger: Das billigste Produkt zu kaufen oder den besten Gegenwert für Ihr Geld zu erhalten?
- ☏ Um wieviel klingt er Ihnen zu hoch?
- ☏ Wenn wir billiger wären, können Sie mir dann sofort eine verbindliche Zusage geben? Gut, dann lassen Sie uns besprechen, wie wir das erreichen können.
- ☏ Warum, sagen Sie, machen Sie und natürlich auch unser Mitbewerber Produkte billiger?
- ☏ Ist nur der Preis ausschlaggebend, oder gibt es andere Dinge, die noch nicht Ihre Zustimmung finden?

12. „Wir sind schon bei der Konkurrenz im Wort."

- ☏ Haben Sie der Auftragsvergabe schon zugestimmt, oder haben Sie zunächst nur grundsätzliche Überlegungen angestellt?

☏ Was waren die Gründe?

☏ Habe ich richtig verstanden, daß Sie an einem langfristigen und zuverlässigen Partner interessiert sind? Wie klingt denn folgender Vorschlag für Sie: Teilen Sie doch den Auftrag in zwei Hälften. Dann können Sie sich nach Fertigstellung selbst fragen, wer für Sie der bessere Partner ist.

☏ Bevor Sie endgültig unterschreiben, rufen Sie doch mal die Firma Dressler an. Diese Firma arbeitet mit dem Mitbewerbsprodukt. Sprechen Sie dort mit Herrn Schwertfeger und lassen Sie sich seine Erfahrungen berichten. Denn schließlich geht es um Ihr Geld und eine langfristige Investition.

☏ Nach unseren vielen Unterredungen klingt es für mich einfach objektiv so, daß Sie mit unserer Lösung am besten bedient wären. Ich würde gerne Ihre Zusage erhalten. Was muß ich tun, damit dies in Ordnung geht?

☏ Wie klingt das für Sie? Wenn ich Ihnen meinen Service kostenlos zur Verfügung stelle, würden Sie dann mein Angebot annehmen? O. k., dann lassen Sie uns noch einmal besprechen, wie sich diese Dienstleistung selbst bezahlt macht. Ich bin in einer Stunde bei Ihnen.

III. Kinästhetischer Typ – Phase Einwände

1. „Schicken Sie mir erst einmal Unterlagen."

☏ Gerne, was interessiert Sie denn besonders?

☏ Das mache ich gerne. Sie wissen, Prospekte zeigen allerdings nur allgemeinen Charakter. Nach allem, was Sie mir berichtet haben, handelt es sich um besondere Themen, die wir uns gemeinsam durch den Kopf gehen lassen sollten.

☏ Sehr gern, sagen Sie mir bitte noch, was Sie im einzelnen interessiert. Dann kennzeichne ich die zutreffenden Punkte für Sie in unserem Info-Material.

☏ Gern, wie schnell müssen Sie denn die Informationen haben? Soll ich sie sofort per Fax auf den Weg bringen?

☏ Lassen Sie uns die einzelnen Punkte, die wir jetzt am Telefon besprochen haben, noch einmal durchgehen. Damit ich Ihnen genau das zuschicke, was Ihnen am Herzen liegt.

☏ Wir haben da einen Fragebogen, den Sie im Handumdrehen per Fax bekommen. Sie können einfach ankreuzen, auf was es Ihnen besonders ankommt. Sie erhalten dann maßgeschneiderte Unterlagen und müssen sich nicht durch die allgemein gehaltenen Prospekte quälen.

☏ Was genau soll ich Ihnen zuschicken?

☏ Steht ein Faxgerät an Ihrem Arbeitsplatz? Ich faxe Ihnen jetzt die Unterlagen zu, die mir nach unserem Telefongespräch für Sie besonders passend erscheinen. Wir können ja dann in zwei Stunden nochmal Kontakt aufnehmen. Ist das o.k.?

☏ Zu der diskutierten Aufgabenstellung liegt eine hervorragende Fallstudie vor. Die lasse ich Ihnen heute noch vorbeibringen. Ich schreibe das Wort „Wichtig“ auf den Umschlag. Sagen Sie doch Ihrer Sekretärin, daß sie Ihnen diesen Umschlag gleich vorlegt. Anfang nächster Woche, oder besser am Montagvormittag, rufe ich Sie dann zu diesem Thema wieder an. Ist das in Ordnungk.?

☏ Nach den Fragen, die Sie mir beantwortet haben, weiß ich, wo Sie der Schuh drückt. Ich habe das Gefühl, unser Angebot ist hochinteressant für Ihr Unternehmen. Mein Vorschlag: Ich bringe unsere ausführliche Dokumentation zu diesem Thema persönlich vorbei. Wenn Sie Zeit haben, können wir sie ja gemeinsam durchgehen. Sonst lasse ich sie Ihnen für zwei Wochen zur Ansicht da. Welchen Alternativtermin könnten Sie mir denn vorschlagen?

2. „Im Moment paßt es mir von der Zeit her gar nicht.“

☏ Ja, das verstehe ich, was schlagen Sie vor?

☏ Ja, der Zeitdruck wird immer größer. Nach dem, was Sie mir dargelegt haben, habe ich das Gefühl, daß unser Produkt zu Ihnen paßt. Investieren Sie doch etwa eine Stunde in ein ausführliches Gespräch. Vielleicht bei einem gemeinsamen Mittag- oder Abendessen. Sie merken dann sehr schnell, ob die Sache für Sie Hand und Fuß hat.

☏ Wir können uns gerne frühmorgens oder spätabends zusammensetzen. Nachdem Sie mir erzählt haben, wo der Schuh drückt, habe ich den Eindruck, daß mein Vorschlag wirklich interessant für Sie ist.

☏ Wann sind Sie das nächste Mal am Flughafen? Ich komme gerne rausgefahren. Dann können wir die Zeit bis zu Ihrem Abflug nutzen, um über dieses heiße Thema zu sprechen.

☏ Wann sind Sie das nächste Mal wieder auf Geschäftsreisen? Es gibt da sicher einen Hotelabend, den wir für unser Gespräch nutzen können. Was Sie mir über Ihr Unternehmen berichtet haben, brennt Ihnen vermutlich so sehr unter den Nägeln, daß wir uns umgehend zusammensetzen sollten.

☏ Spielen Sie Tennis oder Golf? Haben Sie Lust mit mir ein Match zu spielen und bei dieser Gelegenheit Nägel mit Köpfen zu machen?

☏ Ihre Bedenken wegen der Zeit kann ich gut nachempfinden. Gerade deshalb wäre ein Gespräch wichtig. Denn wahrscheinlich können wir Ihnen helfen, die Probleme der zu geringen Neukundengewinnung am Schopf zu packen.

☏ Ja, ich kenne den Zeitdruck. Manchmal hindert er uns sogar daran, Dinge zu tun, die uns wirklich am Herzen liegen. Und manchmal verpassen wir aus Zeitgründen Chancen. Wir benötigen zirka eine Stunde. Und nach dem, was Sie mir ausgeführt haben, ist das eine Gelegenheit, das Problem „Neukundengewinnung“ von Grund auf neu anzupacken.

☏ Trotz Zeitknappheit: Geben Sie mir die Chance für ein etwa einstündiges Gespräch. Wenn Sie danach das Gefühl haben, die Zeit wäre für Sie in den Wind geschrieben, drücke ich Ihnen sofort einen Scheck über 1 000 Mark als Spende für UNICEF in die Hand.

☏ Das kann ich Ihnen gut nachfühlen. Allerdings, nach allem, was Sie mir gesagt haben, liegt es nahe, daß es für Sie interessant ist, eine Menge Geld zu verdienen und in Zukunft Zeit zu sparen. Mein Vorschlag: Sie geben mir zehn Minuten, um Ihnen den Aufbau unserer umfangreichen Broschüre vorzustellen. Danach haben Sie es selbst in der Hand, ob Sie das Gespräch weiterführen wollen. Bleibt noch unser Termin. Paßt es Ihnen besser am Donnerstag gegen 11.30 Uhr oder in der Woche darauf am Dienstag im Laufe des Nachmittags?

3. „Dafür ist mein Kollege zuständig."

☏ Ja, welchen Aufgabenbereich füllt Ihr Kollege aus?

☏ Unser Angebot hat natürlich grundsätzliche Auswirkungen auf die Vertriebsstruktur. Deshalb würde ich es gerne zunächst einmal auf Geschäftsleitungsebene behandeln.

☏ Nach dem, was Sie mir gerade dargestellt haben, sollten wir unser Angebot zunächst einmal auf der Geschäftsleitungsebene anpacken. Danach legen Sie fest, was der nächste Schritt ist.

☏ Wie ist der Name Ihres Kollegen? Und welchen Aufgabenbereich füllt er aus? … Fein, sind Sie dann so nett und verbinden mich weiter?

☏ Ist er für die Fachentscheidung oder die grundsätzliche Weichenstellung auf Geschäftsleitungsbasis zuständig?

☏ Trifft Ihr Kollege die Entscheidung allein, oder gibt es ein Gremium, in dem alle an einem Strang ziehen?

☏ Nach dem, was Sie mir dargestellt haben, schlage ich vor, unseren Vorschlag zunächst in einem engen Kreis, am besten auf Geschäftsleitungsebene, in die Hand zu nehmen.

☏ Sie wissen, Entscheidungen berühren oft auch die internen Abläufe im Unternehmen und sorgen im Handumdrehen auch für Unruhe. Deshalb empfehle ich, daß wir uns zunächst einmal eine Stunde zusammensetzen, um Vorteile und Auswirkungen auf Herz und Nieren zu prüfen.

☏ Lassen Sie uns nochmals kurz festhalten, was mein Vorschlag für Sie bedeutet. Sie können sich dann selbst überzeugen, ob das eine Angelegenheit ist, die Ihre Fachabteilung berührt.

☏ Ist der Einkauf nur für die Preisgestaltung verantwortlich, oder trifft er auch die Fachentscheidung?

4. „Ich habe kein Interesse!"

☏ Ich würde gerne nachempfinden können, woran es liegt, daß Sie wenig Interesse haben. Denn nach dem, was Sie mir erzählt haben, …

☏ Darf ich fragen, wo der Schuh drückt?

☏ Bedeutet dies, daß Sie sich mit der bisherigen Lösung gut fühlen und Ihre Situation völlig im Griff haben?

☏ Es gibt keinen Grund der Welt, sich für etwas zu interessieren, das man nicht nachempfinden kann. Genau deshalb möchte ich Sie umfassend informieren.

☏ Der Pressebericht über Ihr Unternehmen ist mir ziemlich unter die Haut gegangen. Aus dem Grund rufe ich Sie an. Denn wir haben neulich ein solches System bei einer ähnlichen Firma eingerichtet, denen wir damit kräftig unter die Arme greifen konnten. Über diese Erfahrungen würde ich Ihnen gerne berichten.

☏ Sie haben mir erzählt, daß es Ihren technikorientierten Verkäufern schwer fällt, neue Kunden zu gewinnen. Wenn Sie jetzt sagen, daß Sie nicht interessiert sind – begreife ich das dann richtig, daß Sie generell kein Interesse haben oder nur derzeit nicht?

☏ Bedeutet dies, daß Sie mit der momentanen Situation sehr zufrieden sind und keine Neukunden zum Wachstum Ihres Geschäfts benötigen?

☏ In den letzten sieben Monaten haben über 40 Unternehmen Ihrer Art und Größenordnung ihren Vertrieb mit unserer Hilfe umgestellt. Sie stehen jetzt sehr gut da und verdienen mehr Geld, weil sie Vertriebskosten sparen. Außerdem haben sie ihre Stammkunden besser im Griff. Und zwar durch mehr Service. Einige der Chefs haben zunächst auch kalte Füße gehabt und sind jetzt froh, daß sie uns Gelegenheit zu einem persönlichen Gespräch gegeben haben.

☏ Nach allem, was ich bisher begriffen habe, muß das Thema für Sie brandaktuell sein. Machen Sie sich doch selbst einen Eindruck. Kontaktieren Sie einfach einmal Herrn Becker von der Firma Gabel Fördertechnik. Hier ist seine Telefonnummer. Wann werden Sie das tun?

☏ Sie sind nicht daran interessiert, zusätzlich neue Kunden zu gewinnen und Ihren Kundenservice weiter zu verbessern?

5. „Im Moment liegt uns die wirtschaftliche Situation schwer im Magen."

☏ Gerade deshalb empfinde ich es als wichtig, neue Geschäftsfelder zu erschließen. Beispielsweise durch Neukundengewinnung.

☏ Ich bin sicher, Ihnen liegt daran, diese schwere Situation zu verbessern. Nach allem, was Sie ausgeführt haben, kann unser System Sie da unterstützen. Darüber würde ich gerne einmal mit Ihnen sprechen.

☏ Haben Sie das Gefühl, daß Ihnen die Situation weiterhin Kopfzerbrechen machen wird? Bestimmt nicht! Jetzt ist der beste Zeitpunkt, um sich einmal zusammenzusetzen. Welchen Termin sollen wir uns vornehmen?

☏ Was bedeutet das für Ihr Unternehmen?

☏ Welche Konsequenzen ergeben sich für Ihre Firma daraus?

☏ Ja, das kann ich gut nachempfinden. Nach allem, was Sie mir gesagt haben, liegen einige Chancen brach, Vertriebskosten zu senken. Richtig? In diesem Falle liegt es auf der Hand, daß unser Angebot wie maßgeschneidert zu Ihnen paßt.

☏ Wenn die Geschäfte zurückgehen, sollten Sie die Produktivität schnell nach oben bringen. Strecken Sie doch einmal Ihre Fühler nach Informationen über die Firma Gabel Fördertechnik aus. Die setzen heute konsequent Telemarketing ein und nutzen den wertvollen Außendienstbesuch nur noch dann, wenn sich eine echte Verkaufschance bietet. Wir sollten uns mal zusammensetzen und darüber sprechen.

☏ Gerade jetzt bietet es sich an, umzustellen. Wenn das Geschäft gut läuft, sind die Mitarbeiter im Streß und haben keine Zeit.

6. „Wir sind bei unserem bisherigen Lieferanten in den besten Händen."

☏ Schön, daß bei Ihnen alles so gut klappt. Dann ist es für Sie sicher interessant zu überprüfen, ob unser Angebot Ihren Anforderungen standhält.

☏ In besten Händen – wie meinen Sie das?

☏ Gerade deshalb wäre es doch für Sie wichtig, einmal zu vergleichen und unser Angebot auf Herz und Nieren zu prüfen.

☏ Die meisten unserer Kunden waren dem bisherigen Lieferanten ähnlich eng verbunden wie Sie. Es gibt drei Gründe, weshalb sie gewechselt haben (hier drei Produktvorteile nennen).

☏ Welche Eigenschaften machen auf Sie den stärksten Eindruck? (Aufzählen lassen, dann Umkehr- oder Bumerangtechnik einsetzen:) Gerade deshalb rufe ich Sie an. In diesem Bereich gibt es neue Entwicklungen, die ich Ihnen gerne einmal vorstellen möchte. Welcher Termin ist Ihnen lieber ...?

☏ Damit ich das besser nachvollziehen kann: Mit wem arbeiten Sie denn zur Zeit zusammen? Ah ja – wir konnten uns schon einen Eindruck von diesem Mitbewerber machen. Gerade deshalb wäre es sicher für Sie interessant, auch uns einmal auf die Probe zu stellen.

☏ Was haben Sie benutzt, bevor Sie gekauft haben, was Sie jetzt einsetzen? Und warum haben Sie gewechselt? Dies ist der Grund, weshalb ich Sie heute anrufe. Wir haben neue Entwicklungen in diesem Bereich, von denen Sie sich unbedingt einmal einen persönlichen Eindruck machen sollten.

☏ Was steht für Sie an erster Stelle? Daß sich der Kundendienst in der gleichen Stadt befindet oder daß der Techniker in längstens eineinhalb Stunden bei Ihnen ist? – Und falls nötig eine Ersatzmaschine zur Hand hat?

☏ Haben Sie einmal daran gedacht, welche Vorteile es Ihnen bieten könnte, einen leistungsfähigen Zweitlieferanten an der Hand zu haben?

☏ Das kann ich gut nachfühlen. Nehmen wir einmal an, Sie könnten sich heute Ihren Traumlieferanten wünschen? Was müßte der Ihnen bieten?

7. „Wir möchten noch andere Produkte überprüfen."

☏ Das verstehe ich, daß Sie Leistungsvergleiche zur Hand haben möchten. Lassen Sie mich eine Frage stellen: Nach allem, was ich Ihnen vorgestellt habe, was sind die Gründe, die eine Zusammenarbeit erleichtern oder ihr im Wege stehen?

☏ Das kann ich gut nachvollziehen, denn Sie müssen das Angebot finden, das zu Ihnen paßt. Nach welchen Kriterien vergleichen Sie? Auf welche Leistungsmerkmale legen Sie besonderen Wert?

☏ Danke, daß Sie kein Blatt vor den Mund nehmen. Können wir so verbleiben, daß wir auf jeden Fall noch einmal miteinander sprechen, bevor Sie abgewogen haben? Danke!

☏ Wann werden Sie Ihre Entscheidung treffen?

☏ Ich kann das nachempfinden. Nach allem, was Sie mir gesagt haben, bin ich der festen Überzeugung, daß Sie mit uns den besten Partner in Reichweite haben. Wenn Sie zwischenzeitlich irgendwas auf dem Herzen haben, stehe ich Ihnen jederzeit zur Seite. Bitte rufen Sie mich an. Hier ist meine Privatnummer.

☏ Das kann ich gut nachempfinden. Ganz sicher haben Sie Gründe dafür. Darf ich fragen, welche das sind?

☏ Das spricht mir aus dem Herzen. Denn dann liegt klar auf der Hand, wie gut unser Angebot für Sie ist.

☏ Das müssen Sie sogar. Gerade bei einer so langfristigen Entscheidung sollten Sie das Für und Wider abwägen. Welche Fabrikate haben Sie sich denn vorgestellt, die Sie als positiv empfinden?

☏ Das kann ich gut nachempfinden. Sagen Sie, treffen Sie die Entscheidung allein oder in einem Gremium?

8. „Wir müssen das noch einmal gründlich abwägen.“

☏ Das kann ich gut nachempfinden. Wann werden Sie sich festlegen?

☏ Gibt es noch Fragen, die wir behandeln müssen?

☏ Gut, lassen Sie uns doch einmal gemeinsam alle Vor- und Nachteile abwägen. Bereitet Ihnen die Finanzierung noch Kopfschmerzen oder hat es etwas mit der Lösung an sich zu tun?

☏ Lassen Sie uns doch noch einmal gemeinsam abwägen, so lange alles noch frisch im Kopf ist. Welche Punkte sind es, über die Sie noch mehr Informationen brauchen?

☏ Eigentlich ist diese Entscheidung ja relativ leicht zu treffen, verglichen mit all den Dingen, die Sie im Kopf haben und entscheiden müssen. Hand aufs Herz! Warum diese Sache nicht gleich in den Griff bekommen, damit es losgehen kann, und Sie den Kopf wieder frei haben für die wirklich großen Dinge?

☏ (*Humorvoll*) Das kann ich gut nachempfinden. Ich warte in einer Stunde unten beim Pförtner und Sie können herauskommen, wenn Sie sich festgelegt haben. Im Ernst, wir haben alle Vor- und Nachteile abgewogen. Warum die Entscheidung noch auf Eis legen?

☏ Es liegt auf der Hand, daß Sie Ihre Gründe dafür haben? Darf ich fragen, welche das sind?

☏ Ich kann gut nachfühlen, daß Sie sich noch einmal alles durch den Kopf gehen lassen wollen. Darf ich fragen, welche Dinge passen und welche Gründe Sie noch von einem Kauf abhalten? Dies kann bedeuten, daß Sie noch zwei Monate in der Luft hängen, bis Sie mit der Neukundengewinnung beginnen können. Ist das in Ihrem Sinne?

☏ Lassen Sie sich diesen Vorschlag nicht zu lange durch den Kopf gehen. Wenn Sie noch einen kleinen Schubs brauchen, rufen Sie doch Herrn Becker von Gabel Fördertechnik an und fragen Sie ihn nach seinen Erfahrungen. Sie wissen ja, wer zu spät kommt, den bestraft das Leben.

☏ Ich kann mich gut in Sie hineinversetzen. Und ich habe das Gefühl, daß Sie froh wären, wenn Sie diese Entscheidung hinter sich hätten. Ich glaube auch, daß Ihnen unser Angebot im großen und ganzen gefällt. Was hält Sie noch zurück?

☏ Sie möchten sich alles noch einmal durch den Kopf gehen lassen? Ich weiß, was Ihnen auf der Zunge liegt. Sie haben das Gefühl, ich habe Sie noch nicht genügend überzeugt. Was ist es, das ich Ihnen nicht gründlich genug erklärt habe?

9. „Wenn Sie 15 Prozent Rabatt geben, bekommen Sie heute den Zuschlag."

☏ Würden Sie von Ihrem Rechtsanwalt Rabatt verlangen?

☏ Was steckt hinter Ihrer Frage?

☏ Gut. Lassen Sie uns gemeinsam abwägen, welche Leistungen, die in dem Preis enthalten sind, nicht ganz zu Ihnen passen.

☏ Warum verlangen Sie einen Rabatt von 15 Prozent?

☏ Ja – wieviel Stück würden Sie heute fest bestellen?

☏ Sicher können Sie das nachempfinden: Als ich mein Geschäft vor sieben Jahren aufgenommen habe, habe ich beschlossen, daß alle meine Kunden die besten Preise erhalten. Dies war und ist der beste Weg, meine Integrität zu bewahren. Ich will nicht in die Lage kommen, mich eines Tages bei meinen Kunden wegen schlechter Qualität der Produkte oder minderem Service entschuldigen zu müssen. Denn das sind Folgen billiger Preise.

☏ Wir können Ihnen auch eine billigere Alternative anbieten. Dabei müßten Sie sich allerdings einige Produkteigenschaften aus dem Kopf schlagen. Auf welche können Sie denn verzichten?

☏ Nun, unsere Produkte halten einen festen Qualitätsstandard. Das meinen auch unsere Kunden und fühlen sich gut bedient. Und das liegt uns sehr am Herzen, nicht der möglichst billige Herstellungspreis.

☏ In welcher Lage wäre Ihre Firma, wenn sie auf Qualitätsprodukte immer 15 Prozent Rabatt geben würde?

☏ (*Humorvoll*) Welches Gehalt hätten Sie heute in der Hand, wenn Ihre Firma immer 15 Prozent Rabatt geben würde. Vielleicht würden Sie dann gar nicht mehr hier arbeiten.

☏ Stößt Ihre Firma ihre Produkte mit 15 Prozent Rabatt ab? Nein? Warum denken Sie, ist das wohl so?

☏ Wir haben in der Vergangenheit nie Rabatte gegeben. Wir lassen heute die Finger von Rabatten. Und wir werden auch in Zukunft unsere Geschäfte ohne Rabatte handhaben. Darf ich jetzt Ihre Bestellung aufnehmen?

10. „Ich muß mich noch einmal mit meinem Chef darüber austauschen."

☏ Ja, welche Punkte müssen Sie denn noch mit Ihrem Chef behandeln? Vielleicht kann ich Ihnen mit Rat und Tat zur Seite stehen?

☏ Ich mache Ihnen einen Vorschlag: Lassen Sie uns doch gemeinsam mit Ihrem Chef alle offenen Fragen behandeln.

☏ Warum müssen Sie sich noch mit Ihrem Chef austauschen? Vielleicht sagen Sie mir, wo der Schuh drückt?

☏ Gut. Ich nehme dann in einer Stunde nochmals Verbindung mit Ihnen auf. Wenn Sie das Gefühl haben, daß dann noch Fragen offen sind, können wir die ja gemeinsam behandeln. Vielleicht in einer telefonischen Konferenzschaltung.

☏ Wissen Sie, ich kenne meine Produkte und präsentiere sie schon zwei Jahre. Warum sollten Sie in meine Haut schlüpfen und meinen Job machen? Liegt es da nicht auf der Hand, daß wir beide gemeinsam mit Ihrem Chef sprechen?

☏ Lassen Sie uns das doch jetzt gemeinsam anpacken. Dann fällt die Entscheidung schneller, und Sie profitieren von dem Produkt bereits ab nächsten Monat.

☏ Da habe ich einen Vorschlag. Ich drücke Ihnen einfach eine Kopie meiner Präsentation auf Overheadfolien in die Hand. Es wäre schön, wenn Sie dann zu mir ins Büro kämen. Dort können wir alles noch einmal durchgehen, damit Sie ein perfektes Gespräch führen können.

☏ Haben Sie das Gefühl, daß Ihr Chef eine solch kleine Entscheidung selbst fällen muß?

☏ Wann werden Sie mit ihm sprechen? Prima. Paßt es Ihnen, wenn ich morgen nachmittag sofort anrufe.

☏ Ich habe das Gefühl, es ist von Vorteil, wenn ich mich direkt an Ihren Chef wende. Denn ich kenne unser Produkt seit langem und weiß auch, welchen Nutzen es Ihrem Unternehmen bringt. Oder sollten wir das Gespräch besser gemeinsam anpacken? Wie geht's Ihnen damit?

11. „Ich habe das Gefühl, Sie sind zu teuer. Ich empfinde Ihren Preis als zu hoch."

☏ Im Vergleich wozu empfinden Sie unser Angebot als zu hoch?

☏ Wie teuer dürfte es Ihrem Gefühl nach sein?

☏ Welche Bedeutung hat das konkret für Sie?

☏ Wie wägen Sie ab, ob der Preis eines Produkts oder einer Dienstleistung angemessen ist?

☏ Wenn der Preis unseres Mitbewerbers niedriger ist, welchen Eindruck macht das auf Sie?

☏ Sie können wahrscheinlich gut nachempfinden, daß Qualität ihren Preis hat. Wo können Sie denn an der Qualität Abstriche machen?

☏ Das kostet Sie 95 Pfennig pro Betriebsstunde. Weniger als Sie bezahlen, wenn Sie ein Bier trinken gehen.

☏ Sie können sicherlich nachempfinden, daß der Preis eine Sache der Abwägung ist. Dennoch kauft niemand nur das Billigste. Bitte überlegen Sie einmal, wo Sie Ihren neuesten Anzug gekauft haben. Und, sagen Sie mir auch die Gründe? – Genau! Das geht Hand in Hand mit der Entscheidung für unser Produkt … *(Bumerangtechnik)*

☏ Denken Sie einmal daran, wann Sie sich geärgert haben, weil Sie dem Preis und nicht der Qualität Vorrang gegeben haben?

☏ Sie haben das Gefühl, unser Preis ist zu hoch? Bitte erklären Sie mir das?

☏ Wir können den Preis im Handumdrehen reduzieren, wenn Sie mir sagen, welche Punkte unseres Angebots entfallen können.

- ☏ Welche Gewichtung nehmen Sie und natürlich auch Ihre Firma vor? Kaufen Sie das billigste Produkt oder wollen Sie etwas „Handfestes“ für Ihr Geld bekommen?
- ☏ Um wieviel „zu hoch“ empfinden Sie den Preis?
- ☏ Wenn für Sie der Preis reduziert würde, bekomme ich dann hier und jetzt den Zuschlag für den Auftrag? Gut, dann lassen Sie uns zusammen prüfen, wie wir das handhaben können.
- ☏ Welche Gründe gibt es Ihrem Gefühl nach dafür, daß Ihre und natürlich auch unser Mitbewerber Produkte billiger auf den Markt drücken?
- ☏ Ist der Preis das schlagende Argument oder stehen Ihrer Entscheidung noch Hindernisse im Weg?

12. „Wir haben den Zuschlag der Konkurrenz erteilt.“

- ☏ Haben Sie den Auftrag schon aus der Hand gegeben, oder haben Sie zunächst nur eine grundsätzliche Überlegung angestellt?
- ☏ Was waren die Gründe für den Zuschlag?
- ☏ Ihnen ist doch bestimmt daran gelegen, daß Ihnen auch langfristig ein zuverlässiger Partner zur Seite steht. Mein Vorschlag: Teilen Sie doch den Auftrag in zwei Hälften. Dann können Sie selbst die Entscheidung treffen, wer für Sie der bessere Partner ist.
- ☏ Bevor Sie endgültig unterschreiben, rufen Sie bitte doch mal die Firma Dressler an. Diese Firma arbeitet mit dem Mitbewerbsprodukt. Nehmen Sie sich dort Herrn Schwertfeger zur Brust und prüfen Sie seine Erfahrungen auf Herz und Nieren. Denn schließlich geht es um Ihr Geld und eine langfristige Investition.
- ☏ Nach unseren vielen Unterredungen habe ich alles in allem das Gefühl, daß Sie mit unserer Lösung den besten Griff tun. Gerade dieser Auftrag liegt mir sehr am Herzen. Was muß ich tun, damit das klappt?

☏ Wenn ich Ihnen das Produkt kostenlos zur Verfügung stellen würde, könnten Sie sich dann ein Herz fassen und mein Angebot annehmen? O. k., dann lassen Sie uns noch einmal genau überlegen, wie sich dieses Produkt selbst bezahlt macht. Ich bin in einer Stunde bei Ihnen, damit Sie sich einen konkreten Eindruck verschaffen können.

PERSÖNLICHE NOTIZEN

„Wer nicht mitläuft,
kann auch nicht gewinnen."
Walter Kroy (* 1940),
deutscher Physiker, Leiter der Technologieforschung bei der Deutschen Aerospace AG (Geburtshelfer der zukunftsträchtigen Mikrosystemtechnik)

14. Umfeld und Technik, die uns helfen

Der zeitgemäße Telefonarbeitsplatz

Zum professionellen Telefonieren gehört selbstverständlich auch der entsprechende Arbeitsplatz. Großraumbüros mit lauten Hintergrundgeräuschen sind ungeeignet. Ruhe ist eine der Vorraussetzungen. Sie können kein kundenorientiertes Gespräch führen, wenn Sie vor Lärm um sich herum angestrengt zuhören müssen oder zwischendurch die Kollegen bitten müssen, leise zu sein.

Vier Jahre ist es etwa her, als ich die Marketingabteilung der Ford-Werke in Köln besuchte. Die Händlerbetreuer dieses Unternehmens verfügen über zwei Büros. Eines für die normale Büroarbeit, eine Art Großraumbüro, wo man sich auch unterhalten und Meinungen austauschen kann. Und ein zweites zum professionellen Telefonieren. Hier wurden eine Art Telefonzellen geschaffen, die mit schalldämmenden Material ausgekleidet sind. Die Verkäufer organisieren ihre Zeit für das aktive Telefonieren mit ihren Kunden und nutzen dann ihren zweiten Arbeitsplatz. Die Händlerbetreuung per Telefon hat bei Ford einen hohen Stellenwert, so daß man sich für diese Lösung entschieden hat.

Was mir damals nicht so gut gefallen hat: die Telefonarbeitsplätze waren relativ dunkel und unfreundlich. Meiner Meinung nach hat die Freundlichkeit des Arbeitsplatzes auch unmittelbare Auswirkungen darauf, wie ich telefoniere. Die Telefonbetreuer von Dell Computer in Langen haben sich ihre Arbeitsplätze sehr individuell ausgestattet. Mit Blumen, Familienbildern usw. Überraschend für mich waren die zahlreichen Urlaubskarten, die die Kunden den Dell-Mitarbeitern schicken. Und das vielleicht gerade weil die Kunden ihre Verkäufer ausschließlich vom Telefon her kennen.

☎ **Ruhe und Freundlichkeit sind die Rahmenbedingungen für den Arbeitsplatz des Telefonprofis.**

Natürlich muß auch das Werkzeug, das Telefon, in Ordnung sein. Gemeint ist zunächst der Apparat, der zum Telefonieren genutzt wird, und nicht die Fähigkeiten der Telefonanlage.

Hier sieben Eigenschaften, die Ihr Telefonapparat haben sollte:

- ⇨ die Möglichkeit, zwischen Sprechwerkzeug (Kopfhörer und Mikrofon) und normalem Hörer zu wählen
- ⇨ eine Freisprecheinrichtung
- ⇨ Wahlwiederholung
- ⇨ einen Rufnummernspeicher mit mindestens 50 Rufnummern
- ⇨ Gebührenzähler
- ⇨ ein zirka fünf Meter langes Spiralkabel zwischen Apparat und Hörer (Sie wissen, wegen des „Spazierengehens“ beim Telefonieren)
- ⇨ Räuspertaste oder Unterbrechertaste (der Kunde muß nicht immer alles mitbekommen)

Solche Geräte gibt es heute bereits in den verschiedensten Ausführungen und von den unterschiedlichsten Lieferanten. Das größte Problem wird wahrscheinlich sein, die langen Kabel zu erhalten. Ich habe meine aus den USA mitgebracht.

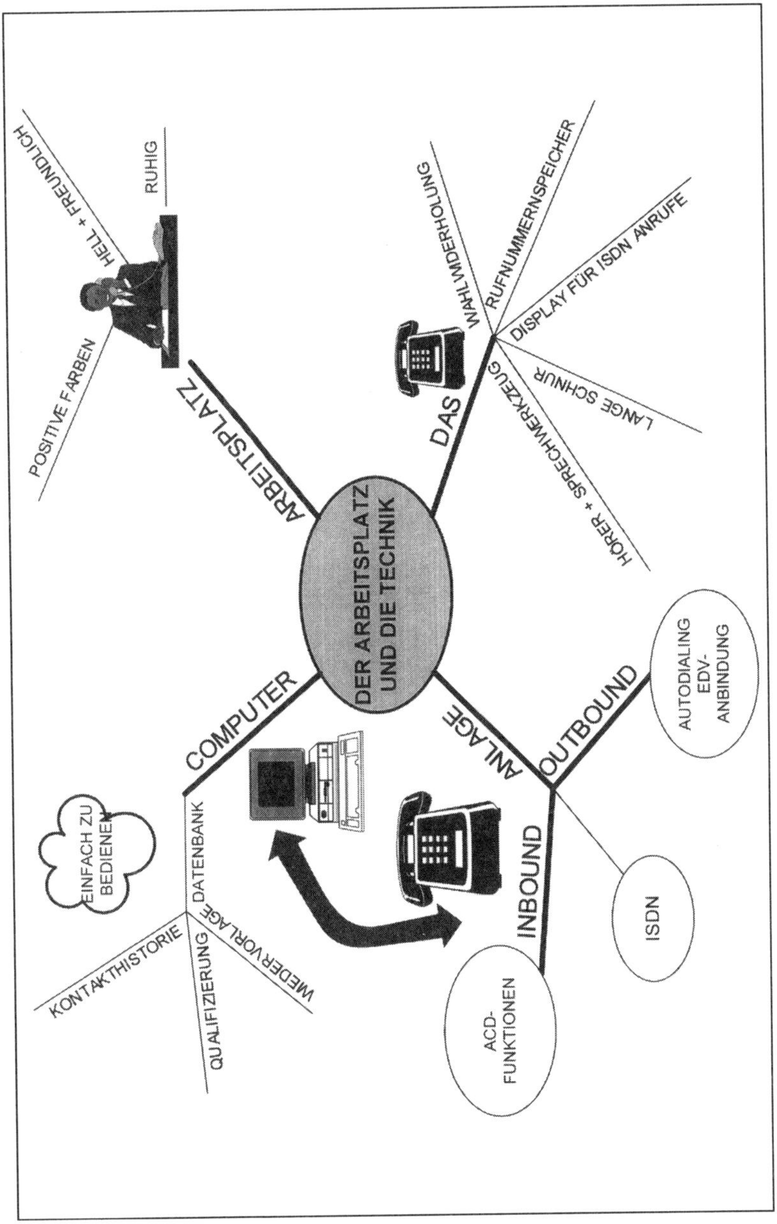

DER ARBEITSPLATZ UND DIE TECHNIK
ARBEITSPLATZ
POSITIVE FARBEN
HELL + FREUNDLICH
RUHIG
DAS
WAHLWIDERHOLUNG
RUFNUMMERNSPEICHER
DISPLAY FÜR ISDN ANRUFE
LANGE SCHNUR
HÖRER + SPRECHWERKZEUG
COMPUTER
EINFACH ZU BEDIENEN
DATENBANK
KONTAKTHISTORIE
QUALIFIZIERUNG
WIEDERVORLAGE
ANLAGE
OUTBOUND
AUTODIALING
EDV-
ANBINDUNG
INBOUND
ISDN
ACD-
FUNKTIONEN

Die moderne Telefonanlage

Leider gibt es in deutschen Unternehmen vielfach noch alte Telefonanlagen, die der heutigen Bedeutung der Telefonkommunikation in keiner Weise mehr gewachsen sind. Schuld daran ist die Vertriebspolitik der ehemaligen Bundespost (der heutigen Telekom) und ihrer Lieferanten, den großen Telefonanlagenherstellern. Die haben uns nämlich Zehn-Jahres-Mietverträge aufs Auge gedrückt, die praktisch unkündbar sind. Kein Unternehmer käme normalerweise auf die Idee, seinen Firmenwagen oder auch seine EDV-Anlage zehn Jahre zu mieten. Aber durch die Monopolstellung der Post blieb uns letztlich in der Vergangenheit nichts anderes übrig.

Glücklicherweise ändert sich das jetzt, und Sie können auswählen.

Auf der anderen Seite hat wahrscheinlich die Telefonanlage in Ihrer Firma heute bereits Eigenschaften, die Sie gar nicht nutzen. Weil Sie gar nicht wissen, welche Möglichkeiten Sie haben oder diese Möglichkeiten nicht bedienen können. Insbesondere, wenn Sie Ihre Telefonanlage in den letzten vier Jahren erneuert haben, empfehle ich Ihnen zu prüfen, was in der Anlage steckt, und die Möglichkeiten zu nutzen. Sie sparen Zeit und Nerven.

Prüfen Sie einmal selbst, welche Eigenschaften Ihrer Telefonanlage Sie für Ihre tägliche Arbeit nutzen

Normales Telefonieren	☐
Anrufweiterleitung, wenn Sie nicht an Ihrem Arbeitsplatz, sondern bei einem Kollegen sind	☐
Abmeldefunktion für die Telefonzentrale, damit diese nicht verbindet, wenn Sie nicht an Ihrem Arbeitsplatz sind	☐
Konferenzschaltung, um in ein Telefongespräch einen oder mehrere Kollegen mit einzuschalten	☐
Zentraler Rufnummernspeicher	☐
Automatische Wiederanwahl nach einer festzulegenden Minutenzahl, falls Ansprechpartner besetzt ist	☐
Gebührenerfassung	☐
Übernahmemöglichkeit eines Gesprächs für einen Kollegen, damit es für den Kunden nicht ewig durchklingelt	☐

Die genannten Möglichkeiten sind heute ein absolutes Muß für eine Telefonanlage. Und natürlich die Fähigkeit, eine ausreichende Anzahl von Amtsleitungen managen zu können. Auch hier sollten Sie einmal prüfen, ob die Amtsleitungen für das heutige und zukünftige Anrufaufkommen ausreichend sind.

Es gibt aber noch einige sehr interessante Eigenschaften, die moderne Telefonanlagen zusätzlich bieten können. Insbesondere die modernen Anlagen, die für das digitale Telefonnetz ausgelegt sind, bieten hier einiges. Ich empfehle Ihnen dringend, bei einer Neuanschaffung nicht nur Systeme zu kaufen, die für dieses neue Netz geeignet sind, sondern die Möglichkeiten auch zu nutzen.

Beispielsweise die Geschwindigkeit. Wenn Sie im digitalen Netz telefonieren, ist die Verbindung unmittelbar nach der Eingabe der letzten Ziffer der Telefonnummer hergestellt. Es gibt kein Klicken der Relais mehr. Das funktioniert heute auch bereits europaweit, beispielsweise nach London. Oder die Möglichkeit, in einem Display zu erkennen, wer Sie anruft. Ich finde, eine tolle Eigenschaft. Hoffentlich legen sich hier die Datenschützer nicht quer.

Mit dem digitalen Netz haben Sie auch die Möglichkeit, Telefongespräche, Telefaxe und Datenkommunikation über eine einzige Telefonnummer abzuwickeln. Es hat sich sehr viel getan im Reich der Telekommunikation. Sprechen Sie doch einmal mit einem Berater der Telekom, was Sie heute alles für Ihr Unternehmen nutzen können.

Aus den USA kommt eine besondere Art von Nebenstellen zu uns auf den Markt: die ACDs. ACD bedeutet Automated Call Distributor. Diese ACDs managen in erster Linie eingehende Anrufe, und das hervoragend. Hier einige Funktionen:

- Messungen, zu welcher Tages- und Nachtzeit wie viele Anrufe hereinkommen. Dadurch können Sie Ihre Personalplanung besser durchführen.

- Messungen, wie lange die Bearbeitung der Anrufe pro Abteilung dauert. Das ist sehr interessant für Unternehmen mit speziellen Telefonserviceabteilungen, wie Fluggesellschaften, Autovermietungen, Hotels usw. Aber auch für Firmen, die ihren Kunden eine besondere Service-Telefonnummer, eventuell gebührenfrei, anbieten. Arbeitsplatzbezogene Messungen sind möglich, bei uns jedoch verboten.

- Messungen, wie viele Anrufe Sie verlieren, weil Ihr Anschluß zum Beispiel zu oft besetzt ist, und der Kunde das einfach nicht akzeptiert.

- Ein ACD verteilt die Anrufe auch gleichmäßig auf alle Arbeitsplätze. Er merkt, welcher Mitarbeiter bisher am wenigsten Anrufe bearbeitet hat und schickt dann die nächsten Anrufe auf dessen Arbeitsplatz.

➪ Ein ACD „merkt" auch, wenn beispielsweise ein eingehender Anruf bevorzugt behandelt werden muß. Zum Beispiel der 1.-Klasse-Passagier einer Fluggesellschaft. Sein Anruf wird automatisch an die erste Stelle der Warteschlange gesetzt und dann an den ersten freiwerdenden Platz weitergeleitet.

Sie merken, Telefonservice hat in den Vereinigten Staaten in der Vergangenheit schon eine große Rolle gespielt. Die deutschen Hersteller von Telefonanlagen beginnen nun, ihre Geräte ebenfalls

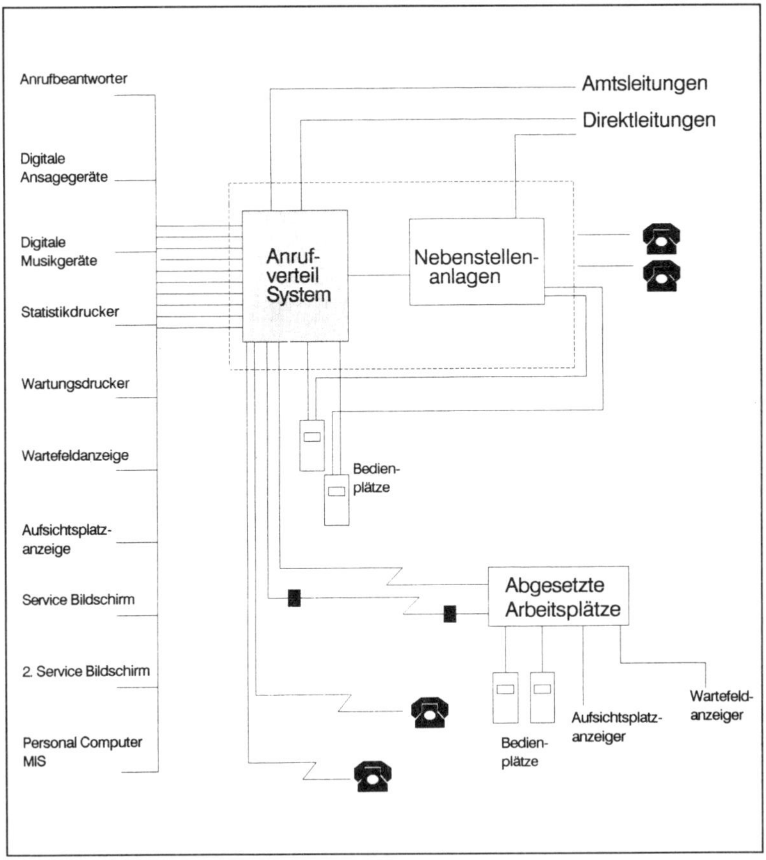

Funktionsweise eines ACD

mit ACD-Funktionen auszustatten. Aber der Markt ist undurchsichtig und die Versprechen der Verkäufer manchmal auch. Ich empfehle Ihnen dringend, einen unabhängigen Berater zu engagieren, wenn Sie eine neue Telefonanlage anschaffen wollen. Die richtige Wahl, abgestimmt auf die Bedürfnisse Ihres Unternehmens, kann Ihnen viel Geld, Zeit und Nerven sparen.

Anrufbeantworter und Voice-Mail-Systeme

„Auf meinen Anrufbeantworter spricht sowieso niemand." Kommt Ihnen das bekannt vor? Natürlich ist es am besten, man ist immer erreichbar, wenn der Kunde oder auch im privaten Bereich jemand anruft. Aber das geht nicht immer, das wissen Sie. Also empfehle ich Ihnen, wenn Sie nicht persönlich erreichbar sind, einen Anrufbeantworter einzuschalten. Und sagen Sie dem Anrufer im Ansagetext genau, was er tun soll und was danach passiert.

Hier ein Beispiel:

„Guten Tag, hier ist der Ansagedienst von Günter Greff. Bitte nennen Sie zuerst Ihre Telefonnummer und Ihren Namen und dann den Grund Ihres Anrufs. Das Gerät wird mehrere Male am Tag abgefragt, so daß ich Sie auf jeden Fall heute oder morgen früh zurückrufe. Vielen Dank für Ihren Anruf."

Sagen Sie dem Kunden, daß er zuerst seine Telefonnummer und seinen Namen aufspricht. Manche Anrufbeantworter schalten schon bei kleinen Gesprächspausen ab, und oft ruft dann der Anrufer nicht mehr an. Sie aber wollen doch jeden Anruf als Verkaufschance nutzen, oder?

Es gibt heute schon Telefone mit Anrufbeantworter, die Ihnen hinterhertelefonieren, wenn ein Anruf eingeht. Sie können also eine oder mehrere Telefonnummern eingeben, unter denen Sie erreichbar sind. Ihr elektronischer Sekretär meldet sich dann in dem Hotel, in dem Sie sich gerade befinden, mit den Worten: „Hier ist der Serviceruf von Günter Greff. Herr Greff ist Gast Ihres Hauses. Bitte hinterlassen Sie Herrn Greff eine Mitteilung, daß eine Nachricht auf seinem Anrufbeantworter eingegangen ist. Vielen Dank!"

Voice-Mail-Systeme sind im Prinzip nichts anderes als sehr große Anrufbeantworter, die an eine Telefonanlage angeschlossen werden. Jeder Mitarbeiter hat dann eine Sprachbox, eine Art Briefkasten für die Stimme, wo der Mitarbeiter angerufen werden, er aber auch Mitteilungen hinterlegen kann. Es sind alle Möglichkeiten gegeben, die auch bei der schriftlichen Kommunikation gegeben sind, wie vertrauliche Informationen, „Einschreiben", die der Anrufer bestätigen muß, Rundrufe an bestimmte Zielgruppen für Tagespreismitteilungen usw. In den USA sind diese Systeme nach dem Telefax der zweite Wachstumsmarkt im Telekommunikationsbereich.

Die gepflegte Kundenkartei

Eigentlich spielt es keine Rolle für die Akquisition und die Kundenpflege per Telefon, ob Sie Ihre Kartei manuell oder mit dem Computer pflegen. Eines müssen Sie in jedem Fall: diszipliniert arbeiten. Nur wenn Sie sehr viel über Ihre Interessenten und Kunden wissen, können Sie optimal und individuell mit ihnen telefonieren.

Als Technik-Freak plädiere ich natürlich für die elektronische Kundenkartei per PC. Denn die Möglichkeiten sind heute faszinierend. Dabei spielt es keine, fast keine Rolle, welches System oder welchen PC Sie einsetzen. Adreßprogramme, die auch für Telemarketing geeignet sind, gibt es in Hülle und Fülle auf dem Markt. Die Preise bewegen sich für Shareware-Programme bei etwa 50 DM und bei Profi-Programmen bis 1 000 DM. Der Leistungsumfang ist enorm. Da stellt sich schon eher die Frage: Was brauche ich eigentlich? Meine Empfehlung: Kaufen Sie nach dem KISS-Prinzip: „Keep ist simple and stupid."

Nachdem ich bisher mit einem einfachen, guten Windows-Programm gearbeitet habe, habe ich mir jetzt ein maßgeschneidertes

Programm schreiben lassen. Zwei Dinge waren für mich wichtig: Es muß einfach zu bedienen sein, und es muß Freude machen, mit ihm zu arbeiten. Entstanden ist „Oskar“, mein persönlicher Informationsmanager.

Sie sehen, der Bildschirm von „Oskar“ sieht aus wie ein Büroarbeitszimmer, die Schreibtischauflage ist die Visitenkarte mit den Basisinformationen (Abbildung 1). Oskar verwaltet alle meine Kunden und Interessenten. Dabei spielt es keine Rolle, wie viele Kontaktpersonen ich in den Unternehmen kenne. Das Programm notiert alle Informationen, die ich eingebe, und organisiert für mich die Wiedervorlage vollautomatisch.

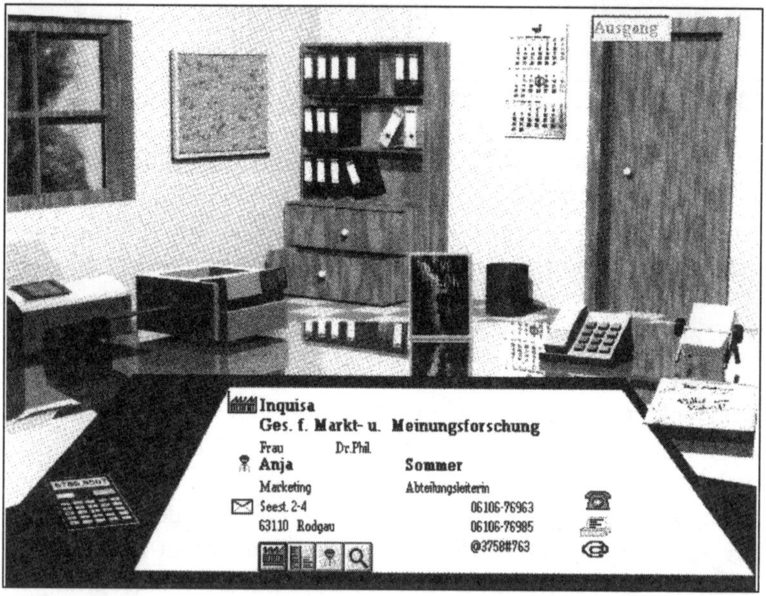

Abbildung 1

Wie bei meinem vorherigen Programm möchte ich auch meine Kunden als Privatmenschen kennenlernen. Ein Mausklick, und ich habe die gewünschten Informationen im Bildschirm (Abbil-

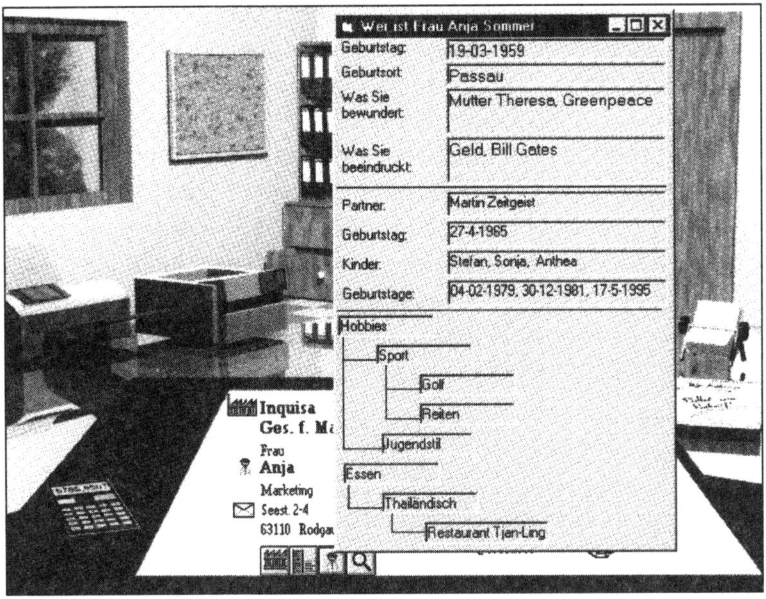

Abbildung 2

dung 2). Mein früheres Programm hieß „66“, weil für jede Person 66 private und 66 geschäftliche Informationen möglich waren. Oskar könnte auch „99“ heißen, denn er erlaubt zu jeder „Frage“ 99 individuelle Antworten.

Schreibe ich Frau Anja Sommer einen Brief oder schicke ich Ihr ein Fax, so ist das kinderleicht. Oskar verbindet mich direkt mit Winword, und anstatt die Faxnummer zu wählen, ziehe ich ganz einfach mit meiner Maus das kleine Telefax von der „Visitenkarte“ auf das Faxgerät links auf dem Schreibtisch. Alles andere passiert dann automatisch, vorausgesetzt Sie haben ein Modem. Das gleiche gilt auch fürs Telefonieren. Mit der Maus ziehe ich das kleine Telefon von der Schreibtischauflage (= „Visitenkarte“) auf das große Telefon links neben dem Rolodex. Blitzschnell und einfach geht das, ohne Eintippen der Telefonnummer wird der gewünschte Gesprächspartner angewählt.

Das ist überhaupt der Trick von „Oskar“. Bis auf die Schreibmaschinentastatur zum Eingeben und Ändern von Texten brauche ich nur noch die Maus. Es gibt keine Funktionstasten mehr. Benötige ich irgendwelche Formulare, wie etwa Telefonskripte, klicke ich auf die roten Ordner im Schrank, Berichte finde ich in den blauen Ordnern, Mailingtexte in den schwarzen. Individuelle Korrespondenz, ein Angebot beispielsweise, finde ich in den gelben Ordnern.

Ein Klick auf die Pinnwand, und ich kann schnell ein paar Notizen eingeben. Suche ich nur schnell einmal eine Telefonnummer, klicke ich auf das Rolodex auf dem „Schreibtisch“.

Meine Termine und Wiedervorlagen finde ich durch einen „Klick“ auf den Wandkalender, und wenn ich etwas löschen will, dann ziehe ich den Vorgang einfach in den Papierkorb.

Selbstverständlich kann ich Adressen auch nach vielen Kriterien klassifizieren und sortieren, um Serienbriefe oder Serienfaxe zu

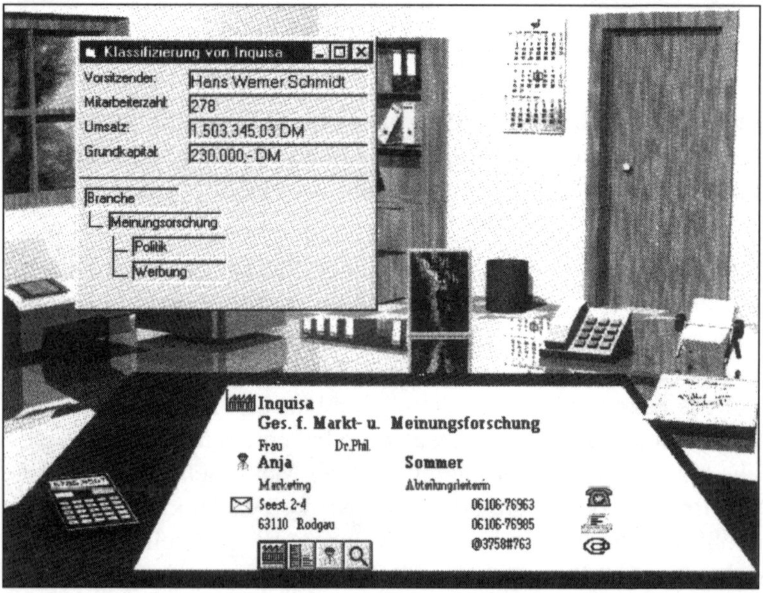

Abbildung 3

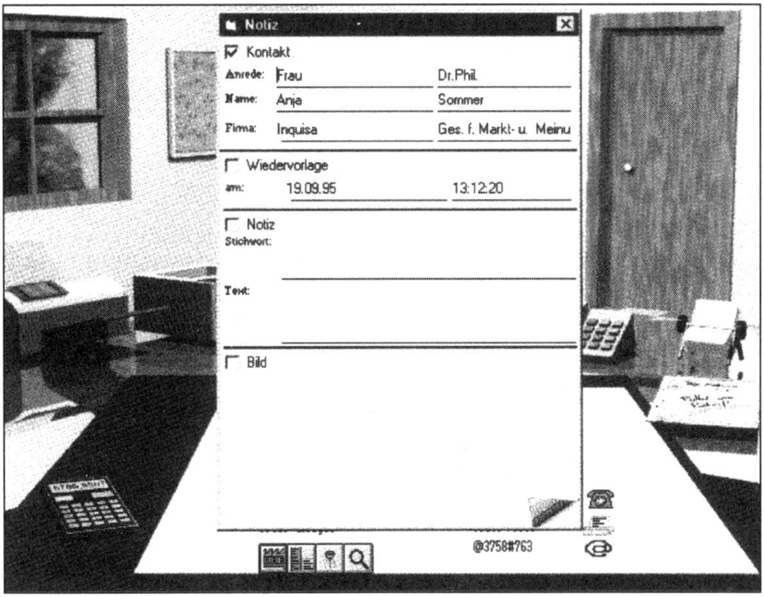

Abbildung 4

verschicken (Abbildung 3). Und auf dem Notizzettel mit der Wiedervorlage kann ich auch noch das Bild meines Kunden einscannen (Abbildung 4).

„Oskar" braucht, aufgrund seiner graphischen, einem Bürozimmer nachgebildeten Benutzeroberfläche einen schnellen Rechner, am besten einen Pentiumrechner mit 16 MB Hauptspeicher. Und das Betriebssystem Windows 95 mit Winword. Das Programm ist nicht als Datenbank für riesige Adreßmengen gedacht, sondern als persönlicher Informationsmanager zur Pflege des eigenen Adreßpools.

Übrigens: „Datensicherung" mache ich mit meinem kleinen Psion. Dieses kleine, schokoladentafelgroße Rechnerchen nehme ich mit, wenn ich keine Lust habe, einen Laptop mitzuschleppen. Den Rechenzwerg stecke ich einfach in die Anzugtasche, das kleine Faxmodem in die Hosentasche. Mit Haftstreifen befestigt „sitzt" Psion im Auto auf dem Armaturenbrett. Auf Knopfdruck erhalte ich die Telefonnummer, falls ich mal unterwegs telefoniere, das Blättern in Adreßbüchern entfällt.

Und per Kabel speichere/übertrage ich die Informationen täglich zu Hause mit „Oskar“. Meistens jedenfalls. Manchmal finde ich ja doch noch eine Visitenkarte mit wichtigen Informationen auf der Rückseite, wenn ich einen Anzug in der Reinigung abgebe. Das ärgert mich dann natürlich sehr. Die modernste Technik nützt eben nichts, wenn man Dinge vergißt. Aber ich werde immer besser und disziplinierter.

PERSÖNLICHE NOTIZEN ✍

„… und wie wohl tut das richtige Wort zur rechten Zeit“

Salomo (gestorben um 925 v. Chr.)

15. Noch mehr Power beim Telefonieren

Das letzte Kapitel zeigt Ihnen, wie Sie noch mehr Power beim Telefonieren bekommen. Dies geschieht dadurch, daß Sie lernen, die richtigen Worte zu wählen, was nicht immer einfach ist. Denken Sie einmal an Reklamationen und die Anrufe erzürnter Kunden.

Dann Ruhe bewahren und sorgsam darauf achten, was Sie mit welchem Tonfall sagen. Auch hier leistet das Tonbandgerät neben Ihrem Telefon, das aufzeichnet, was Sie sagen, gute Dienste. Hier 60 Vorschläge für kundenorientiertes Formulieren:

Power-Telefonierer formulieren positiv

Diese Formulierung sollten Sie vermeiden:	**Und dafür so sprechen:**
Da muß ich Sie weiterverbinden …	Ich verbinde Sie gerne sofort mit …
Ich versuche …/ich werde versuchen …	Ich werde sofort …
Ich bin heute nicht gut drauf …	*(Das muß Ihr Kunde nicht wissen, vermeiden!)*
Es würde mich wundern, wenn das gutgeht (klappt).	Bis heute Nachmittag um x Uhr habe ich das geklärt und rufe Sie direkt an.
Das ist ein Problem …	Das ist eine Herausforderung …

Das kostet Zeit und Geld …	Die Investition …
Das ist einfach unmöglich …	Denken wir noch einmal gemeinsam darüber nach, wie …
Das ist schlecht.	Wie kann Ihnen am schnellsten geholfen werden?
Das geht nie/nicht.	Lassen Sie uns überlegen, wie wir das lösen.
Glauben Sie doch das nicht!	Was halten Sie von einem Test?
Das funktioniert nie.	Denken wir noch einmal gemeinsam darüber nach.
Aber …	Und …

Power-Telefonierer vermeiden Angriffe auf die Gefühlsebene des Gesprächspartners

Dies sollten Sie vermeiden:	**Und lieber diese Formulierungen benutzen:**
Das müssen Sie entschuldigen …	Bitte entschuldigen Sie …
Meiner Meinung nach …	Sie sind der Ansicht …
Nein …	Ja …
Sie irren sich …	Ihrer Meinung nach …
Da haben Sie mich falsch verstanden.	Da habe ich mich nicht deutlich ausgedrückt.
Ich gebe Ihnen trotzdem Garantie …	Sie erhalten Garantie …
Haben Sie alles richtig verstanden?	Sind aus Ihrer Sicht noch Fragen offen?
Haben Sie (jetzt) noch Fragen?	Ist das aus Ihrer Sicht so in Ordnung?

Jeder vernünftige Mensch weiß doch …	Sie wissen …
Kosten …	Investitionen …
Ich kann Ihnen das beweisen.	Überzeugen Sie sich am besten persönlich.
Ehrlich gesagt …	*(Vermeiden, wie sagen Sie es denn sonst?)*
Sie können unmöglich urteilen, bevor …	Das Beste ist, Sie überzeugen sich persönlich …
Ich sage/zeige Ihnen …	Überzeugen Sie sich …
Ich denke, wir verstehen uns …	Sind Sie damit einverstanden …
Da muß ich einen Einwand machen …	Haben Sie auch bedacht …
Ich mache das jetzt schon seit x Jahren …	Sie haben sicher auch die Erfahrung gemacht, daß …
Im Augenblick habe ich keine Zeit …	Sobald ich diesen Vorgang erledigt habe, kümmere ich mich persönlich sofort …
Ich stimme Ihnen da nicht zu …	Ja, haben Sie auch bedacht …
Ich …	Sie …
Man …	Sie …

Power-Telefonierer bleiben am Ball und helfen

Vermeiden:	Lieber so sprechen:
Das war ich nicht.	Ich werde mich sofort darum kümmern und mit meinem Kollegen sprechen.
Da kann ich Ihnen nicht helfen.	Ich kümmere mich sofort darum.
Da müssen Sie schon mit meinem Kollegen sprechen.	Ich forsche sofort nach. Entweder mein Kollege oder ich rufe Sie definitiv bis x Uhr zurück.
Ich kann die Dinge nicht ändern.	Lassen Sie uns gemeinsam nachdenken, wie wir das lösen.
Aber …	Und …
Also, ich könnte höchstens versuchen …	Ich werde sofort die Sache in Angriff nehmen und Sie bis x Uhr zurückrufen.
Versuchen Sie es einmal in der Buchhaltung.	Ich spreche sofort mit dem Kollegen aus der Buchhaltung, und wir rufen dann sofort zurück.
Sie müssen schon …	Bitte, denken Sie auch daran, daß …

Power-Telefonierer machen konkrete Vorschläge

Nicht so formulieren:	**Sondern so:**
Ich könnte das eventuell machen bis …	Ich werde das definitiv erledigen bis …
Vielleicht so gegen Nachmittag.	Ich rufe Sie exakt um x Uhr heute nachmittag an.
Rufen Sie am besten noch einmal gegen x Uhr an.	Ich rufe Sie so gegen x Uhr an. Ist das für Sie o. k.?
Das müßte bis nächste Woche hinhauen.	Das ist bis zum kommenden Freitag erledigt.
Vielleicht so gegen …	Exakt um x Uhr.
Möglicherweise im Laufe der Woche.	Bis nächsten Mittwoch definitiv, sonst gebe ich Ihnen auf jeden Fall einen Zwischenbescheid.

Power-Telefonierer sind voll konzentriert

So bitte nicht sprechen:	**Formulieren Sie lieber so:**
Ich kann mir nie Namen merken …	Wie ist bitte Ihr Name … *(Sofort notieren und eventuell in die Datenbank speichern; schwierige Namen auf jeden Fall buchstabieren lassen.)*
Das habe ich (fast) vergessen …	*(Wenn es denn so ist, müssen Sie es dem Kunden nicht noch sagen.)*
Was hatten Sie (noch) gesagt?	Habe ich Sie richtig verstanden? Sind Sie so nett und wiederholen das noch einmal.
Können Sie mir das nochmal erklären?	Helfen Sie mir bitte nochmal!

Bitte nicht so:	Sondern so:
Ehrlich gesagt …	(*Wie reden Sie denn sonst?*)
War sonst noch was?	Kann ich sonst noch etwas für Sie tun?
Verbinden Sie mich mit …	Bitte verbinden Sie mich mit …
Ich habe da noch einige Fragen …	Darf ich dazu noch einige Fragen stellen?

☎ **Meine Empfehlung: Nutzen Sie das Tonbandgerät, um Ihren Anteil am Telefongespräch aufzuzeichnen. Und forschen Sie nach kundenunfreundlichen Formulierungen. Das können Sie auch im Team mit Ihren Kollegen trainieren. Jeder, der eine „Nicht-so-Formulierung" spricht, zahlt in die gemeinsame Kasse. Ihnen wird dann schon einfallen, was Sie mit dem Geld anfangen.**

Sie können sich auch ein einfaches Gummiband um das Handgelenk machen. Immer, wenn Ihnen eine falsche Formulierung herausrutscht, Gummiband anziehen und … Auch das macht mehr Spaß im Team.

Ich wünsche Ihnen viel Spaß auf dem Weg zu noch mehr Power am Telefon.

Vielleicht an dieser Stelle noch einige Tips zum Thema Reklamationen am Telefon. In einer Studie über Telefonverhalten in deutschen Unternehmen, die ich mit dem Marketing-Lehrstuhl der Universität Kassel durchgeführt habe, hat sich eindeutig herausgestellt, daß Reklamationen den Mitarbeitern die meisten Schwierigkeiten machen. Wir hatten bei 20 ausgewählten Unternehmen unterschiedlicher Branchen unter anderem Reklamationsgespräche simuliert und die Unternehmen angerufen.

Fast alle Mitarbeiter waren überfordert. Wenn ein Kunde reklamiert und verärgert ist, bitte bedenken Sie: Jeder Mensch ist zu 80 Prozent Gefühlsmensch und zu 20 Prozent Verstandesmensch. Probleme gibt es meistens, wenn auf der Gefühlsebene irgend etwas nicht stimmt. Sie und Ihre Firma sind vielleicht gar nicht so sehr das Problem des brüllenden Kunden. Vielleicht hat er sich heute bereits über etwas ganz anderes geärgert, vielleicht Streit mit seinem Lebenspartner gehabt. Und wegen einer Kleinigkeit läßt er seinen Ärger nun an Ihnen aus. Also, wenn die Situation am Telefon einmal laut wird, bleiben Sie gelassen und vor allem – nehmen Sie es nicht persönlich!

1. Schweigen Sie

Geben Sie dem Anrufer Gelegenheit, „Dampf abzulassen." Aber zeigen Sie, daß Sie aufmerksam zuhören.

2. Aktives Zuhören

„Mh, aha, ja ..." Lassen Sie sich nicht provozieren, dafür den Kunden aussprechen.

3. Machen Sie Notizen

und sagen Sie das dem Anrufer. („Herr ..., darf ich mir das notieren?") Warum?

⇨ Der Kunde fühlt sich aufgewertet – „Aha, der schreibt sogar auf ..."

⇨ Der Kunde wird vorsichtiger mit dem, was er sagt.

4. Entschuldigung

„Entschuldigung, daß es Ärger gibt …" Achtung! Keine Schuldanerkenntnis in der Sache, deshalb nur Entschuldigung für den Ärger. Das hilft, im wichtigeren Gefühlsbereich, ihm die Hand zu reichen.

5. Danke

„Danke, daß Sie mich gleich angerufen haben. Ich werde mich sofort selbst darum kümmern und Ihnen in einer halben Stunde sagen, wie wir das erledigen.

6. Sofort erledigen

Und wenn es Verzögerungen gibt, auf jeden Fall Zwischenbescheid geben.

Weitere Gedanken zum Thema Reklamationen am Telefon

- Aus Sicht des anrufenden Kunden sind Reklamationen immer berechtigt. Das ist eine schwierige Ausgangssituation für das Gespräch.
- Anerkennung im emotionalen Bereich hilft da oft. „Ich verstehe Sie sehr gut. Gerade jetzt benötigen Sie die Ware …"
- Keine Ironie oder Arroganz („Ich habe Ihnen ja gleich gesagt, daß das in der kurzen Zeit nicht geht …")
- Nie die Schuld auf die Firma oder Kollegen abschieben.
- Wenn es um Termine geht, immer konkret sein. Also nicht: „Ich versuche, schnellstens einen Techniker vorbeizuschicken", sondern: „Ich veranlasse, daß bis spätestens morgen 10 Uhr der Techniker mit einem Ersatzaggregat bei Ihnen ist. Ist das o. k.?"
- Und wenn der Adrenalinspiegel des Anrufers zu hoch ist? Versuchen Sie, mit einem plausiblen Grund, höflich das Gespräch zu unterbrechen und nach frühestens zwölf Minuten

wieder anzurufen. So lange dauert es, bis der Körper das Streßhormon Adrenalin abgebaut hat, vorher können Sie leider nichts machen.

Power-Telefonierer sagen „danke“

Das Wort „Danke“ ist eines der mächtigsten Marketingwörter, die ich kenne. Vielleicht sogar das mächtigste. „Danke“ kann man dem Kunden immer sagen, da findet man auch immer einen Anlaß. Zum Ende dieses Buches eine Geschichte, die mir in Amerika passiert ist. Ich war dort auf einem Kongreß und habe jeden Morgen mein Büro in Frankfurt angerufen. Die Telefonzentrale hat meinen Anrufwunsch entgegengenommen und mich gebeten, in der Leitung zu bleiben und einen Moment zu warten.

„Guten Morgen, Herr Greff, hier ist Julie von AT & T. Was kann ich für Sie tun?“

Erste Überraschung: Die Telefonzentrale sprach mich mit Namen an. Zweite Überraschung: Sie war ausgesprochen freundlich.

„Ich würde gerne mein Büro in Rodgau sprechen. Hier ist die Nummer: 062 44 / 90 52 33.“
„Gerne, Herr Greff, ich verbinde Sie …“

Ich habe das Telefongespräch geführt, meine Aktenkoffer genommen und wollte das Hotelzimmer gerade verlassen, als das Telefon klingelte.

„Herr Greff, hier ist noch einmal Julie von AT & T. Entschuldigen Sie, daß ich Sie noch einen Augenblick in Anspruch nehme. Wie waren Sie denn mit der Leitungsqualität, die AT & T Ihnen nach Deutschland zur Verfügung gestellt hat, zufrieden?“

Meine Verblüffung können Sie sich vorstellen.

„Herr Greff, dann sind wir auch zufrieden. Ich danke Ihnen, daß Sie AT & T gewählt haben.“

Ich danke Ihnen, daß Sie dieses Buch gekauft haben, und wünsche Ihnen viel Lust und Power beim Telefonieren!

PERSÖNLICHE NOTIZEN

Anhang

Checkliste für mehr persönliche Telefon-Power

		1 2 3 4 5	
Motivierte, powervolle Sprechweise	sehr gut	_______	weniger gut
Einwandbegegnung	sehr gut	_______	weniger gut
Kundenorientierte Formulierungen	sehr gut	_______	weniger gut
Fragetechnik	sehr gut	_______	weniger gut
Abschlußtechnik	sehr gut	_______	weniger gut
Gesprächsklima	sehr gut	_______	weniger gut

Bedarfsanalyse durchgeführt	☐ ja	☐ teilweise	☐ nein
Namen richtig notiert	☐ ja	☐ teilweise	☐ nein

Wie war das Verhältnis zwischen „Fragen stellen" und „Informationen mitteilen"?

☐ mehr Fragen gestellt ☐ in etwa gleich ☐ mehr mitgeteilt

Das Ergebnis des Telefongesprächs:

1. Ziel erreicht:	☐ ja	☐ nein
2. Ziel erreicht:	☐ ja	☐ nein
3. Ziel erreicht:	☐ ja	☐ nein

Was ist Ihnen sonst noch aufgefallen?

____

____

____

Checkliste Telefonskript

Vorüberlegungen

- Wen will ich sprechen, wer ist **wirklich** der ChefMAN für mein Angebot?
- Was habe ich für den Kunden, warum soll er „Ja“ zu meinem Angebot sagen?

Telefonzentrale

- bei Erstkontakten: Name, Vorname und Titel des ChefMAN erfragen
- Name der Sekretärin erfragen
- beste Anrufzeiten erfragen
- Durchwahltelefonnummer?
- Durchwahlfaxnummer?
- Mobilfunknummer?

Sekretariat

- bei Erstkontakten: Verantwortungsbereich des ChefMAN klären
- Antwort auf die „Worum-geht-es“-Frage
- Verantwortungsbereich (Macht) der Sekretärin abschätzen
- Sekretärin mit in die Verantwortung für das Angebot einbeziehen

ChefMAN

- powervolle Begrüßung
- starker Interessenwecker (Aufhänger)
- Gesprächsbereitschaft feststellen
- Erlaubnis für Bedarfsanalyse („Ja“, um Fragen zu stellen)
- **Analysefragen** stellen
- **Problemfragen** aus den Antworten entwickeln
- **Implikationsfragen** stellen
- **Nutzen** des Angebots darstellen (Überlegungen: Welche sind die Vorteile meines Angebots im Vergleich zu meinen Hauptwettbewerbern?)
- **Abschlußfrage** stellen
- Antworten (Gegenfragen) auf die Einwände des Gesprächspartners:
  „Schicken Sie mir zunächst Unterlagen.“
  „Ich habe im Moment keine Zeit.“

„Dafür ist mein Kollege zuständig."
„Ich habe kein Interesse."
„Zur Zeit kein Geld."
„Wir sind mit unserem bisherigen Lieferanten zufrieden."
„Wir möchten noch andere Angebote einholen."
„Wir müssen darüber noch einmal nachdenken."
„Wenn Sie Rabatt geben, erhalten Sie den Auftrag."
„Ich muß noch einmal mit meinem Chef darüber sprechen."
„Sie sind zu teuer, Ihr Preis ist zu hoch."
„Wir haben uns für die Konkurrenz entschieden."

- erneut Abschlußfragen stellen
- auch oder gerade bei negativem Gesprächsverlauf nach Empfehlung fragen
- wenn Ziel 1 nicht erreichbar, versuchen, Ziel 2 zu erreichen (zum Beispiel Übersenden von Unterlagen)
- nächsten Schritt mit Gesprächspartner vereinbaren
- Gesprächsinhalt, insbesondere die Vereinbarungen, zusammenfassen
- „Danke" und freundlich verabschieden

Auflösung aus „The day, when America told the truth“

Auflösung von Seite 28
Angaben der „Ja“-Antworten in Prozent:

Lügen Sie regelmäßig?	91 %
Würden Sie lügen, um einen Geschäftsvorteil zu erzielen?	29 %
Haben Sie im letzten Jahr etwas getan, für das Sie sich heute schämen?	25 %
Für 20 Millionen DM würden sie:	
– Ihre Familie verlassen?	25 %
– Ihren Lebensgefährten verlassen?	16 %
– Ihren Glauben aufgeben?	25 %
– eine Woche als Prostituierte(r) arbeiten?	23 %
– einen Fremden umbringen?	7 %
Glauben Sie an die zehn Gebote?	13 %
Sollten Ethik und Moral an unseren Schulen und Universitäten gelehrt werden?	80 %

Der Draht, an dem wir hängen

Vom Reisschen Telefon zum Netphone

Als das Telefon, das erste Neue Medium überhaupt, erfunden wurde, war seine Nutzung noch unbestimmt. Alte Bilder zeigen das Telefon als eine Art Radio, mit dem man in speziellen Räumen Opern hören konnte, wenn man keine Karte ergattert hatte oder diese zu teuer war. Man glaubte damals ernsthaft, man könnte das Telefon zur Übertragung von Live-Ereignissen nutzen. Und dies ist die Geschichte unsere Telefons:

1861

Der Hesse Philipp Reis führt in der Nähe von Frankfurt sein Telefon vor. Um zu zeigen, wie sein Apparat funktioniert, spricht er den Satz: „Das Pferd frißt keinen Gurkensalat“ – der erste Satz, der jemals über ein Telefon gesprochen wurde. Seine Erfindung findet jedoch kaum Beachtung. Auch der Freiherr von Siemens, dem er sein Gerät in München vorführt, lehnt das Telefon ab und meint, die Menschen brauchen nur den Telegraphen, den Morse etwa 30 Jahre zuvor erfunden hatte.

1863

Die Brüder Alexander Graham und Melville Bell bauen eine künstliche Sprechmaschine.

10. März 1876

Alexander Graham Bell stellt das erste wirklich funktionierende Telefon vor. Das Gerät wurde danach auf Jahrmärkten vorgeführt. Man konnte damit einen mittleren Konzertsaal beschallen, mit der Musik, die Bells Mitarbeiter Thomas Watson in einer Nachbarstadt auf der Orgel spielte.

1880

In Berlin und Hamburg gibt es die ersten Fernsprechvermittlungsstellen. In den USA gibt es nur noch in einer Stadt mit über 15 000 Einwohnern kein Fernsprechnetz.

1892

Das Gesetz über das Telegrafenwesen wird erlassen. Das Deutsche Reich erhält die Monopolrechte für das Fernsprechwesen.

1893–1914

In Budapest wird das Telefon als Kabelradio eingesetzt. Bei Sportübertragungen klingelt das Telefon, und man kann das Ereignis per Telefon miterleben.

1900

Das erste Münztelefon wird in den USA installiert.

1904

In den USA ist das Telefon flächendeckend eingeführt. Etwa 10 000 Frauen arbeiten in den Vermittlungsstellen.

1907

Bells Patente laufen aus. Der Börsenspekulant J. P. Morgan kauft die Firma von Graham Bell. Daraus entsteht American Telephone und Telegraph, kurt AT & T genannt.

1910

Weltweit gibt es zehn Millionen Telefone, davon sieben Millionen in den USA und 941 000 in Deutschland.

1924

Das erste Telefax wird übertragen.

1933

Das erste Breitbandkoaxialkabel wird verlegt.

1945

Das Telefonnetz in Deutschland ist zu einem Drittel zerstört.

1950

Die Selbstwahl für Ferngespräche wird eingeführt.

1956

Das erste Transatlantikkabel wird verlegt. Das Telefon ist zum Gebrauchsgegenstand geworden.

1965

Das erste Bildtelefon wird vorgeführt.

1966

Der erste Nachrichtensatellit für den Telefonverkehr zwischen den USA und Deutschland arbeitet.

1982

Die ersten Autos werden mit Telefonen ausgerüstet.

1986

Die ersten Mobiltelefone erscheinen auf dem Markt.

1992

Das Videotelefon wird vorgestellt.

1995

Das mobile Videotelefon wird erstmals gezeigt. Der PC entwickelt sich auch zum Telefon. Diese Jahr ist auch das Jahr des Internet. Dieses System, aus dem militärisch genutzten Arpanet entstanden, wird zum ernsthaften Konkurrenten des bestehenden Telefonsystems. Da es niemandem gehört, auch keine störanfälligen Telefonzentralen und Vermittlungsstellen benötigt, können alle Telefongespräche zum Ortstarif abgewickelt werden. In Verbindung mit ISDN ist die multimediale Telefonie in greifbarer Nähe. Nicht nur

Konferenzschaltungen sind möglich, sondern die Integration von Sprache, Bildern, Skizzen, Musik, Videos und Features wie „Voice Avatars", die es erlauben, sich aus der eigenen eine künstliche Stimme zusammenzubauen. 120 Jahre nach seiner Erfindung beginnt die Geschichte des Telefons als Mulitmediamaschine noch einmal.

Literatur

Forschungsgruppe Telekommunikation: Telefon und Gesellschaft, Berlin 1990

Kirckhoff/Mogens: Mind Mapping, Berlin 1988

Mackay/Harvey: Schwimm mit den Haien, ohne gefressen zu werden, München 1988

Moine, Donald J./Gschwandtner, Gerhard: The Sales Script Book, Fredericksburg 1986

Naisbitt, John: Megatrends, Bayreuth 1986

Robbins, Anthony: Grenzenlose Energie, Bonn 1993

Rockham, Neil: Strategien für komplexe Verkäufe, Hamburg 1990

Walther, George R.: Phone Power, New York 1987

Walther, George R.: Phone Power, Düsseldorf 1992

Der Autor

Günter Greff, Jahrgang 1947, lernte den Verkauf von der Pike auf bei einem großen europäischen Büromaschinenkonzern. 1982 gründete er mit 4 000 Mark Startkapital ein Unternehmen für Telemarketing. Heute gehören zur „Günter-Greff-Gruppe" Unternehmen, die sich mit Telemarketing, strategischer Marketing- und Vertriebsberatung, Entwicklung von Servicestrategien, Multimedia und neuen, gehirngerechten Lernmethoden befassen. Die Unternehmen beschäftigen zusammen mehr als 400 Mitarbeiter.

Günter Greff ist Dozent an der Bayerischen Akademie der Werbung, Mitglied der NSA (National Speakers Association), USA, und ein begeisternder Vortragsredner. Er referiert an den Universitäten München, Dresden und Bremen.

Wenn Sie Kontakt mit dem Autor aufnehmen möchten, wenden Sie sich bitte an:

Günter Greff
Stadlander Weg 11
26441 Jever
Tel.: 0 44 61 / 91 21 80
Fax: 0 44 61 / 91 21 81
e-mail: PersPower@aol.com